Collection « Études africaines »

dirigée par Denis Pryen et son équipe

Forte de plus de mille titres publiés à ce jour, la collection « Études africaines » fait peau neuve. Elle présentera toujours les essais généraux qui ont fait son succès, mais se déclinera désormais également par séries thématiques : droit, économie, politique, sociologie, etc.

Dernières parutions

EBALÉ Raymond, *Les Accords de Partenariat Economique entre l'Union Européenne et les pays ACP (Afrique, Caraïbes, Pacifique)*, 2016.

MINKALA NTADI Pierre, *La tutelle politique dans la production de l'information de presse en Afrique francophone, Le cas du Congo-Brazzaville*, 2016.

ASSOUMAN Kouadio Amos, *Le rôle des préfets et sous-préfets de Côte d'Ivoire, Gestion et prévention efficaces des conflits communautaires dans un contexte de sortie de crise*, 2016.

BARRY Mamadou, YAYA Hachimi Sanni, DOUMBOUYA Mohamed Lamine, *Les trop dits et les non-dits de l'aide au développement en Afrique. Nouvelles perspectives sur la dispersion et l'absence de coordination des bailleurs*, 2016.

MABANZA N'SEMY Aubin, *Les marques en Afrique francophone. Approches comparatives et critique de la protection à l'OAPI et en R.D Congo*, 2016.

PORTEILLA Raphaël, HAYEM Judith, SÉVERIN Marianne et DIKA Pierre-Paul (dir.), *Afrique du Sud. 20 ans de démocratie contrastée*, 2016.

BAGAYOKO Sidy Lamine, *Écoles Communautaires au Mali, Fonctionnement, gestion et conflits*, 2016.

URSA Liana Maria, *Libéria. La difficile construction nationale*, 2016.

LONGOMO MENGELI Marius, *Les problèmes de l'Administration publique en RDC*, 2016.

MUSINDE SANGWA Sylvain, *Parenté et patrimoine foncier chez les Bena Mambwe de la République démocratique du Congo, La réappropriation de la dépouille de l'épouse par son lignage*, 2016.

KIAMBA Claude-Ernest, *Politiques de l'éducation, Formation des compétences et Construction de l'État en république du Congo de 1911 à 1997*, 2016

MONEMOU Ouo-Ouo Waita, *L'imposition sur le revenu en République de Guinée*, 2016.

LIGOPI LINZUWA Zéphyrin, *La lutte contre la pauvreté comme une quête de sens. Perspective d'éthique théologique à partir du cas de la RDC*, 2016.

TSHIMANGA-KUTANGIDIKY Etienne, *Réalités sociales en République Démocratique du Congo, Analyse de quelques cas*, 2016.

SIDIBE Tidiani, *La pratique de l'activité bancaire et financière en zone UEMOA*, 2016

BETCHÉ (Zachée), *Le phénomène Boko Haram. Au-delà du radicalisme*, 2016.

MOKONZI Bambanota Gratien, *Où va l'université au Congo-Kinshasa ?*, 2016.

La théorie générale du droit constitutionnel et les institutions politiques

5-7, rue de l'École-Polytechnique, 75005 Paris

http://www.harmattan.fr
diffusion.harmattan@wanadoo.fr

ISBN : 978-2-343-09617-9
EAN : 9782343096179

Alphonse MAKENGO NKUTU

La théorie générale du droit constitutionnel et les institutions politiques

Sous la Première, Deuxième et Troisième République de la République démocratique du Congo

L'Harmattan

DU MÊME AUTEUR

Articles

« Étude sur les institutions politiques des sociétés pluralistes : l'Allemagne, la Suisse et la Grande-Bretagne », Centre de Recherches, Université pédagogique nationale, article, éd. PUPN, Kinshasa, 2015, 11 pages.

« Quelle sécurité nationale pour la République démocratique du Congo ? », Centre de Recherches, Université pédagogique nationale, article, éd. PUPN, Kinshasa, 2015, 9 pages.

« Le droit objectif et les droits subjectifs », Centre de Recherches, Université pédagogique nationale, article janvier-mars 2013, n°54b, éd. PUPN, Kinshasa, 2013, 17 pages.

« La désignation des gouvernants par les citoyens », Centre de Recherches, Université pédagogique nationale, article janvier-mars 2013, n°54b, éd. PUPN, Kinshasa, 2013, 6 pages.

Ouvrages

L'évolution des partis politiques de la République démocratique du Congo, Du Congo belge à la Deuxième République, éditions L'Harmattan, Paris, décembre 2015, 285 pages. ISBN : 978-2-343-08308-7.

L'essentiel de Droit public : le cas de la République démocratique du Congo, éditions L'Harmattan, Paris, 15 décembre 2014, 184 pages. ISBN : 978-2-343-05224-3.

Droit judiciaire de la République démocratique du Congo (CONGO BELGE À NOS JOURS), éditions CCINIA Communication, Paris, 17 novembre 2014, 111 pages. ISBN : 978-2915568-24-3.

Droit constitutionnel et pouvoir exécutif en R.D. CONGO sous la Ire et IIIe République, éditions L'Harmattan, Paris, décembre 2012, 125 pages. ISBN : 978 -2-336-60817-2.

Les institutions politiques de la RDC : De la République du Zaïre à la République démocratique du Congo (1990 à nos jours), éditions L'Harmattan, Paris, septembre 2010, 160 pages. ISBN : 978-2-296-12876-7.

Les institutions politiques de la RDC : De l'État indépendant du Congo à la République du Zaïre (1885-1990), éditions L'Harmattan, Paris, août 2010, 177 pages. ISBN : 978-2-296-12872-9.

SOMMAIRE

AVANT-PROPOS

Cet ouvrage a pour vocation de faire la synthèse de la théorie générale du droit constitutionnel et les institutions politiques de la République démocratique du Congo, sous la Première, la Deuxième et la Troisième République.

Il constitue un outil très riche pour l'acquisition des connaissances de base sur les éléments de la théorie générale du droit constitutionnel et les institutions politiques de la République démocratique du Congo.

Cet ouvrage garde son originalité. Il est destiné à ceux qui souhaitent mieux connaître et comprendre le fonctionnement des institutions politiques sous la Première, la Deuxième et la Troisième République de la République démocratique du Congo.

Il est scindé en deux parties :

- la première partie développe les éléments de base du droit constitutionnel. Elle est divisée en quatre chapitres.
- la deuxième partie, relative aux institutions politiques sous la Première, la Deuxième et la Troisième République, examine neuf chapitres.

INTRODUCTION GÉNÉRALE

Traditionnellement, on distingue le droit privé du droit public. Le droit privé régit les rapports entre les particuliers que nous sommes. Le droit civil, le droit de la famille, le droit commercial et le droit du travail appartiennent au domaine du droit privé. Le droit public réalise les relations entre l'État et les individus administrés entre citoyens. Le droit constitutionnel est la principale subdivision régissant le rapport entre gouvernants et gouvernés. Il désigne deux critères principaux : une discipline juridique mais aussi un ensemble de deux règles.

A. Le droit constitutionnel comme science juridique

La science du droit constitutionnel est une partie de la science du droit. C'est une branche de la science juridique. L'objet du droit constitutionnel est spécifique : c'est la constitution.

B. L'objet du droit constitutionnel ou l'encadrement du jeu politique

Le droit constitutionnel a pour objet l'encadrement juridique des phénomènes politiques.

La formule de G. Vedel souligne que le droit constitutionnel détermine les conditions dans lesquelles le pouvoir s'exerce, et pose les règles du jeu politique.

C. Les caractéristiques du droit constitutionnel

Le droit constitutionnel est un droit qui est la représentation par principe, par essence ou par nature, de la puissance politique de l'État. C'est un droit qui caractérise la capacité de l'État à s'organiser et, à ce titre, le droit constitutionnel présente quatre caractéristiques.

1. Un droit de la constitution et des institutions politiques

Le droit constitutionnel est le droit de la constitution, c'est-à-dire que c'est l'ensemble des règles prévues et écrites dans la constitution. C'est aussi le droit tel qu'il résulte de l'interprétation de la constitution. L'interprète de la constitution est le Conseil constitutionnel (la Cour constitutionnelle pour la République démocratique du Congo). C'est également l'ensemble des règles qui découlent de la pratique de la constitution. Les acteurs de la constitution sont les institutions politiques, donc c'est le droit des institutions politiques (le président, le Premier ministre, le Parlement...).

2. Le droit constitutionnel est un droit hiérarchisé

Dans l'ordre juridique français ou congolais, il existe une hiérarchie des normes. C'est une hiérarchie pyramidale. Cette idée a été théorisée par un juriste autrichien, Hans Kelsen, dans les années 1920, qui disait que « tout système juridique est hiérarchisé ». La justification de cette hiérarchie normative est la normativité de la règle, la force contraignante de la règle. En conséquence, dans les ordres juridiques européens, la règle juridique qui est à la base de la pyramide est celle qui possède la plus petite densité normative, la moins forte. En revanche, la règle juridique qui est au sommet de la pyramide est la règle la plus contraignante, celle qui a la plus grande force obligatoire.

En conséquence de cette hiérarchie, le fait que la constitution soit au sommet signifie que toutes normes qui sont inférieures, pour être valides, doivent respecter la constitution. Pour qu'un traité entre dans l'ordre juridique français et pour qu'il ait une valeur juridique, il dit être conforme au contenu de la constitution. La loi votée par le Parlement, pour être valide et produire ses effets juridiques doit, elle aussi, être impérativement conforme à la constitution.

3. Le droit constitutionnel est un droit protégé

Pourquoi la constitution est-elle une norme protégée ? Car c'est la norme suprême. Parce qu'elle est la norme fondamentale de laquelle découle toute la validité du système juridique.

Par qui est-elle protégée ? C'est le Conseil constitutionnel (France) ou la Cour constitutionnelle (République démocratique du Congo) qui est le protecteur ou la protectrice de la constitution. Elle est protégée par la procédure qui s'appelle le contrôle de constitutionnalité des lois. Cela signifie que lorsque la loi est votée par le Parlement, elle peut être soumise à l'examen du Conseil constitutionnel ou de la Cour constitutionnelle. Ce dernier devra dire si la loi votée par la majorité politique au pouvoir est conforme ou non à la constitution. C'est l'exercice du contrôle de constitutionnalité de la loi.

4. Le droit constitutionnel est le droit des libertés

Le rôle de la constitution est double. Sa première mission est d'organiser la répartition des compétences entre les institutions. Mais c'est aussi de garantir un certain nombre de droits et de libertés fondamentales au bénéfice des citoyens. C'est un droit porteur et protecteur des libertés fondamentales. Concrètement, la liberté de religion, si elle n'était pas garantie dans la constitution, n'aurait pas une portée aussi forte. Le droit constitutionnel est profondément libéral.

PARTIE I

LES ÉLÉMENTS DE BASE DU DROIT CONSTITUTIONNEL

CHAPITRE I

Les concepts de base et la hiérarchie des règles de droit

Pour mieux comprendre les différents textes de ce travail, il est très important de passer en revue les concepts de base et la hiérarchie des règles de droit. Deux sections vont être examinées dans ce chapitre.

SECTION 1. LES CONCEPTS DE BASE

A. La loi

Martin LUTHER KING disait un jour à propos de la loi : « Une loi ne pourra jamais obliger un homme à m'aimer, il est important qu'elle lui interdise de me lyncher. »

La loi peut être vue du point de vue formel et du point de vue du fond.

1. La loi du point de vue formel

La loi est un texte qui émane du pouvoir législatif conformément aux procédures prévues par la constitution.

En République démocratique du Congo, une loi est un texte adopté par le Parlement et promulgué par le président de la République, soit sur proposition des parlementaires (députés ou sénateurs), soit à partir d'un projet déposé par le gouvernement.

2. La loi du point de vue du fond

La loi est un texte édictant une règle générale et permanente.

3. La distinction entre les lois impératives et les lois supplétives

Les **lois impératives** sont des lois d'ordre public qui ne peuvent pas être éludées ou dérogées par ceux auxquels elles s'appliquent. Elles s'imposent à tous. Elles concernent les intérêts fondamentaux de l'État et de la société. En revanche, les **lois supplétives** sont celles qui ne s'imposent aux individus qu'à défaut de manifestation de volonté contraire de leur part. Autrement dit, elles ne s'imposent aux individus que s'ils ne les ont pas écartées.

B. L'initiative et le vote de la loi

1. L'initiative de la loi

L'initiative de la loi est aussi appelée l'initiative législative. En République démocratique du Congo, la constitution du 18 février 2006 donne l'initiative de la loi.

1.1. Au gouvernement sous la conduite du Premier ministre

Il s'agit alors de projets de lois. Ils occupent la plus grande partie du temps de l'Assemblée nationale et du Sénat.

1.2. Au Parlement

Il s'agit alors de proposition des lois. En République démocratique du Congo, une proposition de loi est un texte préparé par un ou plusieurs parlementaires qui peut devenir une loi s'il est inscrit à l'ordre du jour des travaux parlementaires et s'il est adopté par l'Assemblée nationale et le Sénat. Selon qu'elle émane de députés ou de sénateurs, elle est déposée sur le bureau de l'Assemblée nationale ou sur celui du Sénat.

2. Le vote de la loi

En ce qui concerne le vote de la loi, de nombreuses questions se posent : comment se déroule la procédure de vote ? Que se passe-t-il en cas de désaccord entre les deux assemblées (l'Assemblée nationale et le Sénat) ? Qu'est-ce que l'interruption de la navette ?

2.1. Comment se déroule la procédure de vote ?

Tout projet ou proposition de loi est examiné par les deux assemblées. Il est tout d'abord scruté par leur commission permanente ou spéciale, puis en séance.

Le vote intervient ensuite. Il s'exerce :

- d'abord sur chaque article ou amendement, l'amendement étant une modification à un texte de loi proposée au cours de sa discussion ;
- puis sur l'ensemble du texte de loi.

2.2. Que se passe-t-il en cas de désaccord entre les deux assemblées ?

La tradition veut que, sauf en cas d'intervention du gouvernement, les deux assemblées aient les mêmes pouvoirs pour amender et voter les textes. Ainsi s'instaure le système de la navette constituée par le va-et-vient d'un projet ou d'une proposition de la loi d'une assemblée à l'autre tant que subsiste entre elles un désaccord sur le texte en discussion.

2.3. Qu'est-ce que l'interruption de la navette ?

Dans le cas où un désaccord subsiste entre les deux assemblées après deux votes par chacune d'elles (ou un seul si l'urgence a été déclarée), le Premier ministre peut mettre fin à la navette en réunissant une commission mixte paritaire entre l'Assemblée nationale et le Sénat qui tente d'établir un texte commun.

Dans le cas où le désaccord subsiste parce que la commission mixte ne parvient pas à rédiger un texte commun ou parce que ce texte n'est pas adopté par les deux assemblées, le gouvernement peut demander à l'Assemblée nationale de statuer :

- soit sur le dernier texte voté par elle et amendé, le cas échéant par le Sénat ;
- soit sur le texte élaboré par la commission mixte.

C. La promulgation et la publication de la loi

1. La promulgation de la loi

La promulgation de la loi est l'acte par lequel le chef de l'État constate officiellement l'existence de la loi et la rend exécutoire. Autrement dit, la promulgation de la loi, sa publication officielle, faite dans les formes requises, afin qu'elle devienne applicable. Le texte devient opposable à tout manquement par les tribunaux.

En République démocratique du Congo, la promulgation est l'acte solennel par lequel le président de la République constate qu'une loi a été régulièrement adoptée par le Parlement après saisine et décision éventuelle de la Cour constitutionnelle. Il rend la loi exécutoire en y apposant sa signature. Elle est ensuite publiée au Journal Officiel.

Il convient de souligner que la date de la loi est celle de la promulgation.

2. La publication de la loi

La publication de la loi se fait par la publication au Journal Officiel de la République démocratique du Congo du texte voté et promulgué. Cette démarche est faite en vue de porter ce texte à la connaissance du public.

Après publication, la loi est présumée connue, d'où l'adage « Nul n'est censé ignorer la loi ».

D. L'abrogation de la loi et son application dans le temps

1. La définition

L'abrogation de la loi est l'anéantissement pour l'avenir d'une mesure législative ou réglementaire par un acte explicitement ou implicitement contraire.

L'abrogation peut être :

- expresse, lorsqu'elle est explicitement énoncée dans un texte nouveau par l'autorité compétente ;
- tacite ou implicite, en raison de l'introduction, dans un nouveau texte, de dispositions incompatibles avec la disposition antérieure. Dans ce cas, c'est le juge qui la déclare abrogée ;
- par modification ou remplacement, car la réécriture d'un texte implique l'abrogation du texte dans sa rédaction antérieure.

Il faut retenir que toute loi est obligatoire tant qu'elle n'est pas abrogée. En principe, le non usage pendant des années n'abroge pas une loi ; en fait, il équivaut à son abrogation. Certaines lois non appliquées sont ainsi tombées en désuétude.

2. L'application de la loi dans le temps

2.1. Le principe de la non-rétroactivité des lois

La non-rétroactivité est le caractère de ce qui ne peut être rétroactif. La non-rétroactivité est le principe selon lequel une nouvelle norme juridique ne remet pas en cause les situations juridiques antérieures à la mise en œuvre de cette nouvelle norme.

D'après l'association pour l'enseignement de l'assurance, organisme privé-8, rue Chaptal-75009 Paris, « le plus souvent une loi modifie ou abroge une loi antérieure. Il s'agit donc de déterminer les questions relevant de la loi ancienne et celles réglées par la loi nouvelle, et ce, pour toutes situations juridiques nées avant la loi nouvelle et prolongeant leurs effets dans le temps. » Donc ici, on est en présence d'un problème de conflits de lois dans le temps, appelé problème de la non-rétroactivité des lois. La loi ne dispose que pour l'avenir, elle n'a point d'effet rétroactif.

2.2. La théorie de l'effet immédiat

La règle de non-rétroactivité des lois ne s'applique pas au législateur, elle s'impose au juge. La jurisprudence a dégagé la théorie moderne de l'effet immédiat d'après laquelle la loi nouvelle s'applique immédiatement, et pour l'avenir aux situations en cours, et ne peut revenir sur les effets déjà produits par ces situations. D'après l'association pour l'enseignement de l'assurance :

- **pour les situations légales** : le principe est que la règle de l'effet immédiat joue pleinement. Il existe, toutefois, un cas particulier : une loi pénale qui aggraverait ou créerait une peine serait écartée au profit de la loi ancienne pour les faits antérieurs même si le procès (et donc la situation antérieure) est encore en cours. Par contre, une loi nouvelle plus douce serait appliquée.
- **pour les situations contractuelles et par exception**, cette règle de l'effet immédiat est écartée sauf si la loi nouvelle est d'ordre public : l'ordre social serait troublé si tous les individus n'étaient pas immédiatement soumis à une telle loi.

SECTION 2. LA HIÉRARCHIE DES SOURCES NATIONALES DE DROIT

Comprendre que le principe démocratique fondamental de la hiérarchie des sources nationales du droit, sa mise en œuvre et son contrôle, assurent l'existence de l'État de droit.

Les multiples textes établis par les autorités publiques peuvent être classés suivant une force juridique décroissante ; aucun d'eux ne peut déroger à ceux relevant d'une catégorie supérieure. Autrement dit, la hiérarchie des sources nationales du droit est un classement hiérarchisé de l'ensemble des normes qui composent le système juridique d'un État de droit pour en garantir la cohérence et la rigueur. Elle est fondée sur le principe qu'une norme doit respecter celle du niveau supérieur et la mettre en œuvre en la détaillant.

De la hiérarchie des sources nationales du droit découle le principe de légalité, qui s'applique dans l'élaboration des lois et pour toutes les décisions mises en œuvre par les pouvoirs publics.

A. La hiérarchie des textes internes

Quelques sources hiérarchisées sont à distinguer : la constitution, la loi constitutionnelle, la loi ordinaire, la loi organique, le règlement, le décret-loi, l'ordonnance-loi...

1. **La constitution** émane du pouvoir constituant. Son importance dans l'organisation de l'État est telle qu'une branche à part entière du droit, le droit constitutionnel, lui est consacrée. La constitution est le texte suprême de l'État de droit. On dit qu'elle a une valeur supra-légale (elle est au-dessus des lois). Elle se définit comme l'ensemble des règles écrites qui concernent les institutions de l'État et qui régissent les rapports entre ces diverses institutions. C'est la constitution qui fixe les règles relatives au président de la République, au gouvernement et au Parlement.
2. **La loi constitutionnelle** est celle de révision de la constitution adaptée selon la procédure prévue par cette dernière.
3. **La loi ordinaire** émane du pouvoir législatif. Elle est votée par le Parlement, c'est-à-dire l'Assemblée nationale et par le Sénat selon la procédure établie par la constitution.
4. **La loi organique** est une loi votée par le Parlement pour préciser ou compléter les dispositions de la constitution. Pour

le cas de la République démocratique du Congo, les lois organiques au pluriel doivent être adoptées à la majorité absolue des membres composant l'Assemblée nationale et le Sénat. Elles sont obligatoirement soumises au contrôle de constitutionnalité de la Cour suprême de Justice (la Cour constitutionnelle).

5. **Le règlement** émane du pouvoir exécutif et des autorités administratives.
6. **Le décret-loi** est un acte à portée générale ou particulière, édicté par le pouvoir exécutif. C'est le cas de la République démocratique du Congo avec la nomination des bourgmestres par le président de la République.
7. **L'ordonnance-loi** émane du pouvoir exécutif. Sous la deuxième République, le président MOBUTU utilisait très souvent l'ordonnance-loi pour nommer tel ou tel ministre ou organiser les élections législatives.

B. Le contrôle de la hiérarchie des textes internes

Il existe une série de contrôles de la hiérarchie : le contrôle de la constitutionnalité des lois et le contrôle de la légalité des règlements.

1. Le contrôle de la constitutionnalité des lois

Il ne peut s'effectuer en France que par un organe spécial, le Conseil constitutionnel, qui ne peut être saisi que par un nombre restreint de personnes, telles que le président de la République, le président du Sénat, celui de l'Assemblée nationale et ce, avant la promulgation de la loi. Le Conseil constitutionnel peut déclarer la loi constitutionnelle ou anticonstitutionnelle. Pour le cas de la République démocratique du Congo, le contrôle de la constitutionnalité des lois est assuré par la Cour constitutionnelle. La Cour constitutionnelle peut être saisie d'un recours en inconstitutionnalité, soit par le président de la République dans les six jours francs suivant la transmission de la loi définitivement adoptée ; soit par le 1/10e au moins des députés dans les six jours francs suivant l'adoption définitive ; soit le 1/10e au moins des Sénateurs dans les six jours francs suivant l'adoption définitive de la loi relevant des matières de la compétence du Sénat.

2. Le contrôle de la légalité des règlements

Il est confié aux juridictions administratives et judiciaires, par exemple pour la France, qui peuvent annuler un texte visé.

C. Autres sources du droit

1. La place des règles internationales

Traités (bilatéraux ou multilatéraux), conventions, pactes internationaux, accords sont des accords négociés et conclus entre États souverains qui peuvent porter sur des règles applicables aux rapports entre les États eux-mêmes (traités de paix, accords commerciaux...) ou aux rapports de droit privé de leurs ressortissants.

À l'heure actuelle, les États doivent respecter les règles internationales en les exécutant et en ne les contredisant pas par leur législation interne.

2. La jurisprudence comme source de droit

Dans son sens le plus large, le mot « jurisprudence » désigne l'ensemble des décisions qui sont rendues par les juridictions. Dans un sens plus précis, il désigne l'interprétation de la règle de droit telle qu'elle est donnée par les juges. La notion gagne alors en efficacité : elle devient un élément du droit positif ; elle est le droit qui s'applique effectivement, à un moment donné. Et il est vrai que l'on ne peut être juriste sans connaître la jurisprudence, et qu'il serait vain d'étudier les lois et règlements sans se soucier de leur mise en œuvre par les juges. La jurisprudence apparaît ainsi comme une pièce maîtresse des juridictions d'ordre judiciaire et administratif.

3. La coutume comme source de droit

Source de règles de droit non écrites, et par suite difficiles à connaître mais d'adaptation facile, la coutume tient une grande place dans la vie nationale et internationale.

Sa formation exige la réunion de deux éléments essentiels : un élément matériel (la pratique), un élément psychologique (l'*opinio juris*).

- **L'élément matériel (la pratique)** est la répétition des précédents, c'est-à-dire des actes analogues pour une

situation analogue, ou encore c'est la répétition constatée d'un comportement déterminé. Ainsi, pour la veuve, le fait de continuer à porter le nom de son mari.
- **L'élément psychologique** correspond à un sentiment du caractère obligatoire du comportement considéré. Il n'est pas sûr, pour autant, que ce complément s'impose : le seul fait de se conformer à la pratique d'usage semble suffisant.

Quoi qu'il en soit, la coutume correspond à une conduite, dotée d'une signification juridique, et dont la nécessité et la portée sont spontanément reconnues par les sujets de droit, sans le secours d'un texte.

En ce qui concerne la preuve de la coutume, elle est libre. C'est à celui qui invoque une coutume d'apporter la preuve non seulement de son existence, mais aussi de son contenu. Elle se fait très souvent par témoignage.

4. La doctrine

La doctrine est l'ensemble des opinions émises sur le droit par des personnes qui ont fonction de l'étudier. Ces opinions sont relatées dans les livres, articles de revues, annotations de décisions de justice, dans l'enseignement, alors de consultations.

Quel est le rôle de la doctrine ?

Toutefois, à défaut d'être une source directe du droit, elle a un rôle de classification et de mise en ordre qui peut :
- guider la jurisprudence en donnant au juge un élément de décision ;
- apporter une contribution efficace au législateur par les critiques qu'elle formule.

D. Mérites respectifs de la loi et de la coutume, sources du droit

1. **La loi** offre plus de précision que **la coutume**, car elle est exprimée dans un texte écrit et précis. Mais la coutume peut être écrite : recueils d'usages locaux ; le texte légal est parfois imprécis ; la règle coutumière l'est rarement.
2. **La loi** est d'une application générale, alors que **la coutume** est localisée.

Avantage : vertu centralisatrice de la loi.

Inconvénient : le besoin social auquel répond la loi peut ne pas être le même dans toutes les parties d'un État soumis à la même souveraineté ; d'où avantage de la coutume localisée.

CHAPITRE II

L'État

L'État est une personne morale de droit public disposant d'un pouvoir souverain institutionnalisé s'exerçant sur une nation qui lui a conféré ce pouvoir.

C'est le premier sujet de droit international et le seul titulaire de la souveraineté. Il est le premier aussi dans le sens où il est le seul sujet originaire de droit international.

L'État répond à la définition suivante : c'est un groupement d'individus fixé sur un territoire déterminé et placé sous l'autorité effective d'un gouvernement.

Trois éléments doivent être réunis pour qu'existe un État : le territoire, la nation et le pouvoir politique. Pour avoir une existence pleine et entière, un État doit être reconnu par la communauté internationale.

Il convient de retenir qu'une communauté internationale est un ensemble d'États regroupés dans une fiction juridique ayant son propre patrimoine des droits subjectifs, distinct de celui des États, et son propre public. La communauté internationale est d'abord une construction politique destinée à limiter la souveraineté des États au nom de droits supérieurs, et notamment les droits de l'homme.

Quant à la société internationale, elle est l'ensemble des acteurs des relations internationales, aussi bien les sujets incontestés du droit international (États et organisations internationales) que les autres membres (individus, organisations non-gouvernementales, sociétés transnationales)[1].

---

[1] CHRESTIA (Philippe), *Relations internationales. Panorama du droit*, Studyrama, Levallois-Perret, 2004, p. 12.

Avant de passer en revue les éléments constitutifs de l'État, il est primordial d'analyser les diverses théories de l'État.

SECTION I. LES DIVERSES THÉORIES DE L'ÉTAT

Cette section développe :

- les théories de l'origine naturelle ;
- la théorie du contrat social ;
- la conception socialiste de l'État ;
- la conception pluraliste de l'État ;
- la conception moderne : l'État de droit

A. Les théories de l'origine naturelle

Selon ces théories de l'origine naturelle, l'État est le résultat d'un processus naturel qui trouve son origine dans les analyses sociologiques de l'évolution des sociétés humaines.

La naissance de l'État ne repose pas sur la volonté des hommes, mais sur un événement ou une succession d'événements ou de transformations.

Le processus de création peut être rapide ou lent, souvent violent (par la conquête, la dislocation d'un Empire...) ou pacifique (les circonstances veulent que des structures, même primitives, se mettent en place pour gérer un ou plusieurs groupes, par exemple des tribus vivant sur un même territoire, ou une société)[2].

L'analyse marxiste a repris à son compte cette théorie de l'origine naturelle de l'État. L'État apparaît naturellement pour résoudre les différends économiques et sociaux inhérents aux sociétés capitalistes.

B. La théorie du contrat social

L'État a une origine contractuelle pour de grands auteurs comme HOBBES, LOCKE et ROUSSEAU. Le contrat social va permettre à l'homme de sortir de l'état de nature pour s'organiser en société civile.

---

[2] Centre de publications universitaires, *Droit constitutionnel et Institutions politiques*, Paris, p. 16.

Ici, la théorie du contrat social explique comment l'individu possède des droits qu'il remet à l'État afin d'en garantir l'exercice. Ces droits ainsi reconnus sont opposables à l'État et constituent, pour leurs titulaires, des capacités. L'État se doit d'en favoriser l'exercice dans les limites du territoire, déterminées par les frontières.

La fonction première de l'État est donc une fonction protectrice : protéger les libertés de ses citoyens, qui elles-mêmes produisent des identités[3].

Or, la mondialisation, qui se caractérise par l'explosion des échanges et des flux et par le développement quasi exponentiel des moyens de communication, provoque une crise généralisée de l'État, qui n'est plus apte à jouer le rôle qui lui est historiquement donné. Le territoire, élément fondamental dans la formation des États, perd de sa signification et entraîne de ce fait la disparition des identités[4].

NB. La théorie du contrat social n'a jamais connu d'application dans l'histoire. Pourtant, elle met en évidence le fait que les hommes, à un moment de leur histoire, sont amenés à s'unir pour survivre. De plus, seule cette théorie permet de donner une explication juridique à la formation des États (puisque l'autre mode de fondation de l'État, la violence, exclut toute explication juridique)[5].

C. La conception socialiste de l'État

Cette conception est inspirée de la doctrine marxiste-léniniste. Cette conception considère l'État comme un instrument d'oppression et de conservation du pouvoir au service de la classe dominante qui est la classe bourgeoise.

De ce fait, la révolution prolétarienne doit encourager le peuple à s'emparer de l'État. L'État est un lieu d'affrontement dans la conception socialiste.

Enfin, l'établissement du communisme marquant la fin de la lutte des classes doit entraîner le dépérissement de l'État. Le mot « dépérissement de l'État » veut dire que la fin du pouvoir de l'État coïncidera avec la réalisation de la société sans classe. Le

---

[3] CHRESTIA (Philippe), *Relations internationales. Panorama du droit*, Studyrama, Levallois-Perret, 2004, p. 40.

[4] CHRESTIA (Philippe), *Relations internationales. Panorama du droit*, op.cit., p. 40.

[5] Centre de publications universitaires, op.cit., p. 16.

gouvernement des personnes fait place à l'administration des choses.

D. La conception pluraliste de l'État

La conception pluraliste de l'État avantage la cohésion du groupe social, la communauté d'intérêts qui l'anime, donc c'est l'intérêt général qui est placé devant. Ici, l'État est au service de tous ; l'État est un lieu de consensus et crée du consensus. Cette conception est celle que l'on retrouve dans les démocraties pluralistes (ex. le Canada, les USA...).

E. La conception moderne : l'État de droit

Ce concept très utilisé en Allemagne au XXe siècle n'apparaît que tardivement en France avec CARRE DE MALBERG. La plupart des classiques (DUGUIT, HAURIOU, BARTHELEMY) ne lui accordent que peu d'importance. Aujourd'hui, il fait l'unanimité, aussi bien à droite qu'à gauche (...).

Aujourd'hui, tout le monde s'accorde à reconnaître que l'État moderne doit être un État de droit.

SECTION 2. LES ÉLÉMENTS CONSTITUTIFS DE L'ÉTAT

Sujet du droit international public, il est caractérisé par une personnalité, une population, un territoire et un pouvoir souverain.

A. La personnalité

L'État est représenté par un gouvernement qui est une autorité politique organisée, distincte des individus qui la composent. Il a la personnalité morale. Il a la capacité juridique, un patrimoine, des droits et des obligations, et une continuité indépendante des individus et des organes qui l'incarnent.

B. La population ou la nation

Il ne saurait y avoir d'État sans population... puisque c'est la nécessité de gouverner celle-ci qui justifie la création de l'État. En revanche, il existe actuellement des populations sans État clairement constitué ou internationalement reconnu : c'est l'exemple du peuple palestinien notamment.

D'après Bernard DOLEZ, la population d'un État, c'est l'ensemble des individus soumis au pouvoir normatif de cet État. Mais un État ne peut fonctionner de manière satisfaisante que s'il existe un lien social fort entre sa population. C'est-à-dire si la population constitue une véritable « Nation »[6].

La Nation

JURIFICHE 2004 sur le Droit Constitutionnel (I) : la nation est la représentation transcendantale d'un groupe d'individus partageant un passé et une vision commune de l'avenir, conscients de cette identité, et manifestant la volonté de vivre ensemble (approche subjective). Selon la conception objective d'inspiration germanique, la nation comprend des éléments objectifs (langue, religion, race, culture).

Cette conception de la nation fut celle du IIIe REICH. Elle s'appuyait sur les travaux pseudo scientifiques de deux français : GOBINEAU (*Essai sur l'inégalité des races humaines*, 1853) et Vacher de LAPOUGE, selon lesquels il existerait une hiérarchie entre les races. (...), la race aryenne est bien sûr la race allemande ; sensée être pure depuis la préhistoire. Elle préconisa l'élimination systématique de la race « inférieure », la race juive : c'est la Shoah[7].

Les relations entre la Nation et l'État

Pour les juristes classiques, l'État ne se conçoit que s'il incarne une nation et, en retour, toute nation peut prétendre s'organiser en État. C'est l'idéal de l'État-Nation.

De nos jours, cette assimilation entre État et nation a été remise en question. En Europe, la nation a souvent précédé l'État, mais, parfois, le processus s'inverse, par exemple en Afrique[8].

---

[6] DOLEZ (Bernard), *Institutions politiques*, op. cit., p. 7.
[7] Idem, p. 8.
[8] Idem, p. 12.

Il existe aussi des États sans nation et des États multinationaux. Enfin, certaines nations sont divisées entre plusieurs États (par exemples, la nation kurde, la nation tutsi, la nation kongo).

C. Le territoire

Élément constitutif de l'État, il est formé par les espaces terrestre, aérien et maritime. Le territoire, ce sont les frontières qui délimitent un État. Tout le territoire qui est à l'intérieur des frontières d'un État relève de son autorité, c'est-à-dire de sa souveraineté. Il faut souligner qu'il existe cependant des territoires qui n'appartiennent à personne en particulier : eaux internationales, espace extra-atmosphérique...

1. Le territoire terrestre

Le territoire terrestre désigne le sol et le sous-sol, mais également les eaux comprises à l'intérieur des frontières, telles que : rivières, lacs ou même section d'un fleuve international traversant ou bordant le territoire terrestre.

D'après Catherine ROCHE (*L'essentiel du Droit International public et du Droit des relations internationales*, 2e édition, GUALINO éditeur, Paris, 2003, p. 52), le territoire terrestre peut être continu ou discontinu, c'est-à-dire divisé en plusieurs parties distinctes (par exemple, la France avec ses DOM-TOM ou les États-Unis avec l'Alaska et Hawaï). Mais cette division du territoire peut poser problème, comme pour le Pakistan. Devenu indépendant en 1947, partagé en deux parties, le Pakistan oriental et le Pakistan occidental, le premier a fait sécession en 1978 pour devenir le Bangladesh. La perte de son territoire (par cession, échange, annexion...) ne met pas fin à l'existence de l'État, tant qu'il en conserve une partie.

Il convient de souligner que la situation géographique occupe une place primordiale, non seulement pour qualifier un État, mais également pour des raisons de géopolitique : un accès large à la mer est incontestablement un avantage.

2. Le territoire maritime

On y distingue :

2.1. Les eaux intérieures, enclavées dans les terres (ports, estuaires, baies...).

2.2. La mer territoriale, bande maritime suivant le tracé des côtes sur une largeur de 3 à 12 milles. C'est un véritable territoire immergé, sur lequel l'État exerce des compétences identiques à celles qu'il exerce sur un territoire terrestre.

2.3. La zone économique exclusive (ZEE). Sur ce point, Bernard DOLEZ déclare à la page 11 que l'État exerce des droits souverains pour ce qui concerne l'exploration et l'exploitation des ressources économiques. La zone économique exclusive s'étend jusqu'à 200 milles nautiques (12+ 188). Au-delà, s'étend la haute mer, ouverte à tous les États, riverains ou non, en vertu de la liberté qui la caractérise.

3. Le territoire aérien[9]

Il comporte l'espace atmosphérique surplombant à la fois le territoire terrestre et la mer territoriale de l'État. La caractéristique fondamentale de ces espaces est qu'ils sont les uns les autres intégralement soumis à la compétence de l'État, même si celle-ci est réglementée par des normes internationales d'origines coutumières ou conventionnelles. En termes clairs, sur le territoire aérien, l'État exerce sa pleine et entière souveraineté. Il en réglemente donc l'accès et peut en interdire le survol (convention de Chicago du 7 décembre 1944 sur le transport aérien).

D. La souveraineté de l'État

Le terme de souveraineté signifie « pouvoir originaire, pouvoir inconditionné, pouvoir suprême »[10]. La souveraineté de l'État se scinde en deux :

1. La souveraineté interne

L'État exerce « un pouvoir suprême, absolu et illimité de décider qui n'est contraint par aucune autre règle ou autorité. Maître de lui-même, il définit ses compétences ; il détient la compétence et détermine seul les règles qui sont applicables. Les particuliers doivent en appeler à lui pour faire sanctionner la

---

[9] Cf. Olivier DUHAMEL et Yves MENY, *Dictionnaire constitutionnel*, PUF, Paris, 1992, p. 1030.

[10] VIALLE (Pierre) avec la collaboration de LAJOIE (Jean-Louis) et TOMASI (Jean-Paul), *Droit constitutionnel et Science politique. Tome 1 Théorie générale et régimes politiques étrangers*, éditions L'Hermès, Lyon, 1998, p. 37.

violation de ces règles qui leur serait préjudiciable sans pouvoir se faire justice eux-mêmes. »[11]

La souveraineté interne ne trouve comme limite éventuelle que les droits des citoyens, lesquels peuvent remettre en cause les gouvernants (élection, révolution) si ceux-ci mettent en œuvre une politique que les premiers contestent[12]. Ce sont les dommages causés aux tiers par les agents de l'État qui entraînent éventuellement la responsabilité de celui-ci.

2. La souveraineté internationale

Dans le cadre de la souveraineté internationale, l'État est indépendant et aucun autre État ne peut s'ingérer dans ses affaires. En revanche, les États peuvent consentir à limiter leur souveraineté par des traités internationaux.

SECTION 3. LES FORMES DE L'ÉTAT

Il existe essentiellement deux sortes d'État : l'État unitaire et l'État composite.

A. L'État unitaire

« La plupart des États contemporains sont des États unitaires. Cela signifie qu'il n'existe dans ces États qu'un seul ordre juridique qui s'impose à tous, quel que soit le lieu où chacun réside. Le droit applicable est partout le même ; les autorités de l'État exercent la plénitude de leurs attributions sur tout le territoire de l'État. »[13] Les pouvoirs sont définis dans une seule constitution et une seule législation. Les compétences étatiques sont dévolues à un gouvernement unique qui représente l'État au plan international.

Selon l'article 1er de la constitution de la IIIe République, la République démocratique du Congo est « une République indivisible ». De ce fait, la République démocratique du Congo est bel et bien un État unitaire, dans le sens où celui-ci n'admet néanmoins qu'un seul centre de décision politique. Ce principe

---

[11] JURIFICHE 2004 sur le Droit Constitutionnel (I), Beauvais, 1998.

[12] POUVERT (Bertrand), *Droit constitutionnel*, STUDYRAMA, Levallois-Perret, 2004, p. 46.

[13] GELARD (Patrice) et MEUNIER (Jacques), *Institutions politiques et Droit constitutionnel*, éditions Montchrestien, Paris, 2001, p. 20.

admet néanmoins des aménagements : la déconcentration et la décentralisation.

Toutefois, un État unitaire peut être administré de plusieurs façons.

1. L'État centralisé

L'État centralisé est « celui dans lequel aucune des collectivités composantes, qu'elles soient de caractère géographique, sociologique, professionnel, religieux ou autre, ne peut faire valoir un droit propre à l'établissement des règles qui la concernent »[14]. Ce qui signifie que les décisions sur le plan de l'administration des affaires locales sont prises par le centre. « Le rôle des agents publics locaux se limite à appliquer les décisions prises par le centre. L'État est la seule collectivité publique. Une telle centralisation est dangereuse pour les libertés, tout en étant d'une efficacité relative. »[15]

Elle est actuellement dangereuse voire même très dangereuse, à cause de la « multiplication des affaires de l'État ou encore leur complexité croissante rend physiquement impossible une vraie centralisation »[16]. Aujourd'hui, il est important de recourir à d'autres techniques permettant de rapprocher l'État du citoyen et de laisser la place aux initiatives locales pour faire avancer les choses.

2. Définition de la décentralisation et des types de décentralisation

2.1. La définition

Le terme de décentralisation englobe une variété de concepts. Généralement, c'est le transfert d'autorité et de responsabilités de fonctions publiques, de l'administration centrale vers les organisations gouvernementales subordonnées ou quasi autonomes et/ou vers le secteur privé. Pour n'importe quel pays, il est nécessaire d'analyser soigneusement la portée de la décentralisation avant d'entreprendre la réorganisation des systèmes financiers, administratifs ou de prestation de services. On

[14] BURDEAU (G), *Traité de Science politique*, t. 2, p. 366.

[15] CHAMPAGNE (Gilles), *L'essentiel du Droit constitutionnel. 1. Théorie générale du Droit constitutionnel*, op. cit., p. 20.

[16] DOLEZ (Bernard), *Institutions politiques*, op.cit, p.13.

doit distinguer ses multiples aspects parce qu'ils ont des caractéristiques, des conséquences administratives et des conditions de réussite différentes.

2.2. Les types de décentralisation

D'après **ciesin.org**, il y a plusieurs types de décentralisations : la décentralisation politique, administrative, la décentralisation des finances et la décentralisation du marché. Il y a un chevauchement de sens de ces termes, mais les définitions précises importent moins qu'une approche globale de la question. Ces différents types de décentralisations peuvent revêtir plusieurs formes dans différents pays, au sein d'un même pays ou d'un même secteur.

2.2.1. La décentralisation politique

La décentralisation politique vise à conférer aux citoyens ou à leurs élus plus de pouvoirs de décision. Elle est souvent liée au pluralisme politique et au gouvernement représentatif mais elle peut soutenir la démocratisation en donnant aux citoyens ou à leurs élus plus d'influence dans la formulation et l'exécution de la politique d'une administration. Les partisans de la décentralisation politique se basent sur l'hypothèse que les décisions prises avec une plus grande participation des administrés sont bien fondées et répondent mieux aux besoins des intérêts divers de la société que celles prises uniquement par les autorités politiques au niveau central. En plus, on suppose que la décentralisation politique permet aux citoyens de mieux connaître les élus locaux et permet aux élus de mieux connaître les besoins et les aspirations de leurs électeurs.

La décentralisation politique nécessite souvent des réformes constitutionnelles ou statutaires, la création d'un système politique pluraliste, le renforcement de la législature et l'encouragement de groupes d'intérêt public.

2.2.2. La décentralisation administrative

La décentralisation administrative vise à refaire la répartition, à différents échelons du gouvernement, de responsabilités et de ressources financières, pour assurer la fourniture de services publics. C'est le transfert de responsabilité de la planification, du financement et de la gestion liée à certaines fonctions du gouvernement central et de ses organes vers des unités d'administration sur le terrain, des cellules ou niveaux subalternes de l'administration, des autorités publiques semi-autonomes, des municipalités ou des régions.

Les trois principales formes de décentralisation administrative sont la déconcentration, la délégation et la dévolution. Elles ont chacune des caractéristiques différentes.

La déconcentration

La déconcentration, souvent considérée comme la forme la plus faible de la décentralisation et plus fréquemment utilisée dans les pays à gouvernement unitaire, refait une répartition de pouvoirs de décision, de responsabilités financières et de gestion entre les différents échelons du gouvernement central. Elle peut être simplement le transfert de responsabilités du gouvernement central à des fonctionnaires qui travaillent dans les régions, provinces ou districts, ou bien elle peut être la création d'une administration sur le terrain dotée d'un pouvoir fort, ou encore une entité administrative locale sous la supervision de ministères.

La délégation de pouvoir

La délégation de pouvoir est une forme plus poussée de la décentralisation. Par la délégation, les gouvernements centraux transfèrent le processus de prise de décision et d'administration vers des organisations semi-autonomes qui, en dernier ressort, doivent lui rendre des comptes. Les gouvernements délèguent des responsabilités lorsqu'ils créent des entreprises ou sociétés publiques, des services chargés du logement, des transports, des districts de services spéciaux, des secteurs scolaires semi-autonomes, des sociétés de développement régional ou des unités spéciales chargées de l'exécution de projets.

La dévolution

La dévolution est une troisième forme de décentralisation. Lorsque les gouvernements délèguent les fonctions, ils transfèrent les pouvoirs de décision, l'autorité en matière de finances et de gestion vers des unités d'administration locales quasi-autonomes avec statut de municipalité. Généralement, la dévolution s'opère en transférant les responsabilités pour la fourniture de services aux municipalités qui élisent leurs propres maires et conseils, perçoivent leurs propres impôts, et jouissent du pouvoir de prendre des décisions d'investissements. Dans un système décentralisé par dévolution, les administrations locales ont des limites géographiques précises et juridiquement reconnues, à l'intérieur desquelles elles exercent leur autorité et leurs fonctions publiques. C'est cette forme de décentralisation qui sous-entend la plupart des décentralisations politiques.

2.2.3. La décentralisation des finances

La responsabilité des finances est une composante fondamentale de la décentralisation. Pour que les administrations locales et les organisations privées puissent exercer de manière efficace les fonctions administratives décentralisées, elles doivent disposer de revenus d'un niveau adéquat, provenant soit de source locale, soit d'un transfert du gouvernement central, de même qu'elles doivent avoir le pouvoir de décision concernant les dépenses. Pour les collectivités territoriales, la décentralisation des finances peut impliquer :

- a) autofinancement ou recouvrement de coûts en faisant payer les usagers pour les services fournis ;
- b) cofinancement ou arrangements de coproduction par lesquels les usagers participent à la fourniture des services et de l'infrastructure par des contributions financières ou de main-d'œuvre ;
- c) augmentation de recettes locales par les taxes sur les propriétés ou sur les ventes ou encore par les impôts indirects ;
- d) transferts inter administrations qui envoient une portion des recettes générales des impôts perçus par le gouvernement central vers les administrations locales pour des besoins généraux ou spécifiques ;
- e) autorisations aux municipalités d'emprunter et mobilisation de ressources du gouvernement national ou local (moyennant des cautions).

2.2.4. La décentralisation économique ou décentralisation du marché

Les formes de décentralisation les plus complètes, du point de vue du gouvernement, sont la **privatisation** et la **dérégulation** car elles **transfèrent** les responsabilités des fonctions administratives du secteur public au **secteur privé**. La privatisation et la dérégulation sont, généralement, mais pas toujours, accompagnées de libéralisation économique et de politiques de développement du marché. Elles permettent que des fonctions qui relevaient primordialement ou exclusivement du gouvernement soient exercées par le secteur privé, les communautés, les coopératives, les associations volontaires privées et d'autres organisations non gouvernementales.

La privatisation

La privatisation dans son application peut, d'un côté, être une politique de laissez-faire et de l'autre, l'encouragement de partenariats entre le public et le privé, pour la fourniture de services ou la réalisation de projets d'infrastructure, par exemple.

La privatisation peut comprendre les points suivants :

L'autorisation pour les entreprises privées d'exercer des fonctions qui, auparavant, étaient monopolisées par le gouvernement ; la sous-traitance de la fourniture ou l'administration des services ou des infrastructures publics à des entreprises commerciales : pour cela, il y a un nombre de manières dont les fonctions peuvent être organisées et il existe beaucoup d'exemples au sein du secteur public et des organisations institutionnelles à caractère public-privé, surtout dans le domaine de l'infrastructure.

Le financement des programmes du secteur public grâce au marché des capitaux (avec des règles ou mesures adéquates pour éviter les situations où le gouvernement central endosse les risques de l'emprunt) et permettre aux organisations privées d'y participer ; le transfert des responsabilités de la fourniture des services du secteur public au secteur privé grâce au désinvestissement.

La dérégulation

La dérégulation réduit les contraintes juridiques de la participation du privé dans la fourniture de services ou permet la concurrence entre fournisseurs privés de services qui, auparavant, étaient fournis par le gouvernement ou par des monopoles réglementés. Ces dernières années, la privatisation et la dérégulation sont devenues des solutions intéressantes pour les gouvernements des pays en développement.

Les administrations locales procèdent aussi à la privatisation en accordant la fourniture ou la direction des services aux sous-traitants.

3. La régionalisation

En matière d'organisation territoriale, le dictionnaire politique de Toupie définit la régionalisation comme étant une forme de décentralisation au profit des régions auxquelles un État accorde une autonomie administrative et transfère certaines de ses prérogatives.

La régionalisation se rapproche du fédéralisme compte tenu du fait que les compétences attribuées aux régions sont très importantes. L'Italie et l'Espagne sont deux États dont les constitutions illustrent la situation de la régionalisation.

Quand il est opposé à la mondialisation, le terme « régionalisation » désigne une organisation du monde où l'accent est davantage mis sur le niveau régional, au sens des grandes régions du monde (Europe, Amérique du Nord, Amérique latine, Asie et Afrique). La régionalisation permet aux États qui les composent d'avoir un poids plus important dans les négociations commerciales internationales (OMC par exemple).

B. L'État composé ou composite

L'État composé est tout d'abord un État complexe ; ensuite, il est un État d'État qui n'a pas le même degré d'intégration. On distingue trois sortes d'États composés : la confédération d'États, la fédération d'États et les unions d'États.

1. La confédération d'États

L'État confédéral est un État souverain qui est une association d'États souverains.

Les États membres de la confédération (États confédérés) conservent leur indépendance juridique mais délèguent à la confédération un certain nombre d'attributions, notamment dans le domaine des relations internationales, de la défense, des affaires financières...

Actuellement, il n'existe officiellement aucune confédération. Seule l'Union de la Russie et de la Biélorussie est de facto une confédération car elle remplit tous les critères, mais tend à s'acheminer petit à petit vers une fédération. La communauté des États indépendants est également considérée comme une confédération.

Historiquement, il y a quelques exemples de la confédération d'États :

- la confédération suisse avant 1848 ;
- la confédération des États-Unis d'Amérique de 1777 à 1789 ;
- la confédération germanique de 1815 à 1866 ;
- la République arabe unie (RAU) constituée de l'Égypte et de la Syrie entre 1958 et 1961.

2. État fédéral

L'État fédéral se distingue fondamentalement de l'État confédéral par le fait que les États membres de la Fédération (États fédérés) ne conservent pas leur indépendance.

Il est « une catégorie juridique d'États composés ou complexes, dénommée aussi par la fédération, qui est un regroupement de plusieurs États souverains, avec un partage des pouvoirs entre l'échelon fédéral et l'échelon territorial, sous la forme d'un pacte qui garantit à chaque entité les compétences nécessaires à la gestion de leurs intérêts autonomes »[17].

D'un point de vue juridique, une fédération est fondée sur une constitution et une souveraineté.

La dissolution d'un État fédéral est impossible sauf lorsque le droit de sécession est reconnu.

On distingue deux grands types de fédéralismes : par association et par dissociation. À cela, il faut savoir que l'État fédéral a trois principes : la superposition, l'autonomie et la participation.

a. Grands types de fédéralismes

a.1. Par association

À l'image des États-Unis d'Amérique ou de la Suisse, c'est une association d'États qui au départ étaient indépendants les uns des autres, et qui ont décidé de se réunir pour former un seul État : l'État fédéral. Chaque État fédéré va abandonner sa souveraineté internationale.

[17] *Dictionnaire politique* de Toupie.

a.2. Par dissociation

Il y a le fédéralisme par voie de dissociation, lorsqu'un État unitaire se fragmente pour différentes raisons, pour cause par exemple d'absences d'unité au sein de la population. On cherche alors à préserver une certaine cohésion par l'intermédiaire du fédéralisme. Par exemple, comme en Belgique en 1993, avec les Flandres, la Wallonie et Bruxelles ou encore avec les États baltes en URSS. Cependant, ce fédéralisme pose des problèmes car le lien fédératif ne suffit pas toujours, ce qui produit l'éclatement de l'État fédéral, par exemple avec la Tchécoslovaquie.

b. Les principes d'un État fédéral

b.1. Le principe de superposition des États

Le principe de superposition signifie que les États fédérés qui composent l'État fédéral constituent le socle et le fondement de cet État fédéral qui exercera certaines compétences au nom des États fédérés.

À travers le principe de superposition, les États fédérés voient consacrer à la fois leur reconnaissance en tant qu'État mais également l'acceptation d'une superstructure qui exercera certaines compétences en leur lieu et place.

En termes clairs, l'État fédéral est placé au-dessus des États fédérés ; il monopolise des compétences diplomatiques et militaires sur le plan international. Sur le plan interne, le droit fédéral l'emporte systématiquement sur le droit des États fédérés. Les États fédérés doivent respecter, outre leur propre constitution, une norme fédérale (la constitution fédérale), par conséquent, la fédération doit respecter les différentes constitutions des États fédérés, ainsi que les droits des États fédérés. L'État fédéré ne peut souverainement déterminer ses propres compétences. La répartition des compétences se fait soit selon.

b.2. Le principe d'autonomie des États (fédérés et fédéral)

Le principe d'autonomie signifie que les États fédérés et fédéral disposent d'une sphère de compétences propres dans laquelle les autres entités ne peuvent pas intervenir.

Chaque État les exerce sans ingérence des autorités fédérales. Généralement, « la constitution fédérale détermine les compétences de l'État fédéral et précise que tout ce qui n'est pas de la compétence de l'État fédéral est celle des États fédérés »[18]. Les États fédérés établissent leur propre constitution et corps législatif ; ils ont leurs propres organes exécutifs (gouverneur aux États-Unis d'Amérique), législatif (Parlement local) et judiciaire (cour suprême de New York, en anglais, New York supreme court).

b.3. Le principe de participation des États

L'État fédéral étant l'œuvre volontaire des entités fédérées, il logique que ces dernières participent à la vie et au fonctionnement des institutions fédérales.

Ceci justifie que les États fédéraux disposent d'un Parlement bicaméral, c'est-à-dire composé de deux chambres, l'une représentant la population dans son ensemble (la Chambre des représentants aux États-Unis, le Bundestag en RFA), l'autre les entités fédérées (le Sénat américain, le Bundesrat allemand)[19].

Aux États-Unis, le Sénat comprend 100 sénateurs, à raison de deux Sénateurs par État, en Suisse, au Mexique, chaque État a droit à deux sièges, au Brésil et en Argentine à trois sièges, en Australie à douze. C'est là une règle qui découle du principe de droit international en vertu duquel les États, étant souverains, sont égaux.

3. Les unions d'États

Les unions d'États associaient plusieurs États gouvernés par un seul souverain.

Cette formule d'association d'États n'existe plus à l'heure actuelle. Il convient de souligner que dans le passé, deux catégories d'unions d'États devaient être opposées : les unions personnelles et les unions réelles.

3.1. Les unions personnelles

Elles sont accidentelles et temporaires : elles ne durent pas après le décès de la personne. Deux États indépendants se retrouvent sous la forme d'unions d'États par le hasard des lois successorales.

---

[18] CHANTEBOUT (Bernard), *Droit constitutionnel*, éditions Armand Colin, Paris, 2005, p. 64.

[19] CHANTEBOUT(Bernard), *Droit constitutionnel*, op. cit. p. 64.

L'exemple le plus frappant : le roi de Belgique était possesseur du Congo.

3.2. Les unions réelles

Contrairement aux précédentes, ce type d'union ne relève pas du hasard mais d'un choix, d'un acte juridique. L'exemple classique est deux États limitrophes voulant s'étendre : ils décident de mettre en commun une partie de leurs institutions. Exemple : la Hongrie et l'Autriche avaient, de 1867 à 1916, leur organe mixte en commun.

SECTION 4. LES POUVOIRS ET LES FONCTIONS DE L'ÉTAT

Le pouvoir appartient à l'État et non à ceux qui sont passagèrement en charge de l'assumer.

Quant aux fonctions, elles sont celles que le territoire remplit vis-à-vis de l'État. Pas d'État sans territoire. Aujourd'hui, la majorité des auteurs disent que le territoire est un espace à l'intérieur duquel s'exercent les compétences de l'État. C'est à la fois une limite et un titre à l'exercice des compétences de l'État ; il permet de répartir l'autorité sur la population.

A. Les pouvoirs de l'État

On distingue traditionnellement trois pouvoirs de l'État :

- le pouvoir exécutif ;
- le pouvoir législatif ;
- le pouvoir judiciaire.

Pour garantir la liberté des individus contre les abus de l'État, ces différents pouvoirs ne doivent pas s'immiscer ou empiéter les uns sur les autres.

B. Les fonctions de l'État

Les fonctions principales de l'État sont les suivantes :

- la défense du territoire ;
- les relations entre États ;
- le maintien de l'ordre public ;

– l'établissement des règles de droit ;
– l'aide aux transformations économiques et sociales ;
– la réduction des inégalités...

CHAPITRE III

La constitution

On examinera les points suivants : la notion et les fonctions de la constitution, la création de la constitution (le pouvoir constituant), les formes de constitutions et le contrôle de la constitutionnalité.

SECTION 1. LA NOTION DE LA CONSTITUTION

A. L'origine de la constitution

Le mot constitution, statut de l'État, a été employé à partir du XVIIIe siècle par les philosophes du siècle des Lumières. Un courant de pensée (le constitutionnalisme), sous la conduite de LOCKE et MONTESQUIEU, envisagera le remplacement de la constitution écrite aux coutumières, souvent jugées vagues et imprécises, qui offrent au monarque un pouvoir largement discrétionnaire. La constitution écrite est une démarche occidentale menant un combat décisif en faveur d'un État libéral et modéré, à l'opposé de l'absolutisme royal. La constitution doit limiter les pouvoirs très étendus du monarque et préciser les droits du citoyen.

À propos de constitutionnalisme, deux aspects sont à distinguer : classique et moderne. Le constitutionnalisme « classique » a vu le jour avec la rédaction des constitutions dites « révolutionnaires », en revanche le constitutionnalisme « moderne » apparaît avec la constitutionnalité des lois. Il insiste sur la supériorité de la loi fondamentale et sur le respect des droits fondamentaux.

B. Les définitions de la constitution

Une constitution généralement composée d'un ou plusieurs textes ou parfois de forme non écrite (elle est alors dite « coutumière ») est « un acte juridique élaboré par une autorité spéciale, qui, au plus haut degré de la hiérarchie des actes juridiques, règle la dévolution, l'exercice et la transmission du pouvoir, la structure de l'État, la création et le régime des principaux actes juridiques, les droits des individus »[20]. Le mot « dévolution » sur cette définition signifie l'attribution du pouvoir à une personne ou un groupe de personnes appelées à l'exercer, mais cela doit se faire par la voie de l'élection qui suppose une compétition entre plusieurs candidats en vue de l'accession au pouvoir (démocraties occidentales). Quant à Nicolas KADA dans *Lexique du Droit Constitutionnel*, aux pages 22-23, il définit la constitution comme étant l'ensemble des lois fondamentales qui établissent la forme d'un gouvernement, définissent l'organisation des pouvoirs publics et régissent les relations entre les gouvernants et les gouvernés.

Autrement dit, la constitution est l'ensemble des règles qui définissent le statut des gouvernants (désignant et compétences) et les rapports des gouvernants et des gouvernés.

Tous les États du monde ont aujourd'hui une constitution, respectée et acceptée de tous, reconnue comme la loi suprême.

Il convient d'établir une différence entre les gouvernés et gouvernants.

Les gouvernés : ce sont les individus (personnes physiques) et les groupements (personnes morales).

Les gouvernants : ils exercent des fonctions dans l'intérêt général et non des droits personnels ; le pouvoir est réparti entre ses différents titulaires selon un ordre national et hiérarchisé.

D'une manière générale, on peut définir une constitution au sens matériel et au sens formel ; puis établir une différence entre la constitution souple et la constitution rigide ; et enfin les formes des constitutions (écrite et coutumière).

---

[20] OLIVA (Éric), *Droit Constitutionnel*, éditions Dalloz, Paris, 2004, p. 7.

1. La constitution au sens matériel et la constitution au sens formel

1.1. La constitution au sens matériel

La constitution est un ensemble de règles écrites ou coutumières qui déterminent la forme de l'État (unitaire ou fédéral), la dévolution et l'exercice du pouvoir. En ce sens, tout État dans lequel le pouvoir s'exerce, conformément à certaines règles, dispose d'une constitution. La constitution au sens matériel est tout texte concernant l'organisation et le fonctionnement des pouvoirs publics, c'est-à-dire la désignation des hommes qui exercent ce pouvoir, leurs compétences, leurs rapports mutuels.

1.2. La constitution au sens formel

La constitution est un document relatif aux institutions politiques, dont l'élaboration et la modification obéissent à une procédure différente (supérieure) de la procédure législative ordinaire, par exemple l'assemblée constituante. Elle peut aussi se définir comme étant un ensemble de règles juridiques qui ne peuvent être élaborées ou modifiées que par un organe spécifique et selon une procédure spéciale, différente de la procédure applicable aux autres règles de droit.

2. La différence entre la constitution souple et la constitution rigide

La définition formelle de la constitution renvoie à la distinction entre la constitution souple et la constitution rigide.

2.1. La constitution souple

Une constitution est dite souple « lorsqu'il n'existe aucune procédure particulière qui permette de procéder à une révision, et alors n'importe quelle loi peut modifier le droit constitutionnel. Dans ce sens de figure, il n'existe pas une réelle supériorité de la constitution sur la loi, puisque toute loi peut venir modifier le texte fondateur censé lui être supérieur ; par ailleurs, l'existence d'une constitution souple rend impossible la mise en œuvre d'un contrôle de constitutionnalité des lois. »[21] En un mot, quand elle peut être modifiée dans les mêmes conditions qu'une loi ordinaire.

---

[21] POUVERT (Bertrand), *Droit constitutionnel*, op.cit., pp. 130-131.

2.2. La constitution rigide

La constitution rigide est « celle qui est adoptée et modifiée dans des conditions et des formes plus strictes que celles régissant l'adoption ou la modification des lois ordinaires. Une constitution rigide ne peut en principe être modifiée par la loi ordinaire (à moins que la violation de la constitution par le législateur ordinaire ne fasse pas l'objet d'une sanction, notamment par un juge constitutionnel). Il serait possible de distinguer au sein des constitutions rigides celles qui prévoient un contrôle de constitutionnalité des lois de celles qui ne le prévoient pas. »[22] En termes clairs, elle prévoit une procédure spéciale et renforcée pour sa révision.

En général, « une constitution souple est synonyme de constitution matérielle en raison de la confusion entre le pouvoir constituant (pouvoir mis en place pour l'élaboration et la révision d'une constitution) et le pouvoir législatif ; tandis qu'une constitution formelle vaut constitution rigide, par suite de la différenciation entre ces deux pouvoirs »[23], c'est-à-dire entre le pouvoir constituant et le pouvoir législatif.

Cette comparaison offre une possibilité d'étudier les différentes formes des constitutions.

C. Les formes des constitutions

Il existe deux types de constitutions : la constitution écrite et la constitution coutumière.

1. La constitution écrite

Elle est la forme traditionnelle des constitutions. Elle est l'ensemble des règles des lois dites fondamentales réunies en un texte écrit et unique et revêt un caractère solennel qui protège contre l'arbitraire des gouvernants. En termes clairs, les règles de l'organisation politique du pays sont expressément écrites dans un document officiel. La rédaction précise des procédures de révision de la constitution afin d'en assurer la protection.

---

[22] OLIVA (Éric), *Droit constitutionnel*, op. cit., p. 9.

[23] AVRIL (Pierre) et GICQUEL (Jean), *Lexique de Droit constitutionnel*, op. cit., p. 29.

2. La constitution coutumière

Elle est une constitution non écrite. Les règles de l'organisation politique du pays résultent de l'usage, de coutumes et de précédents sans que ceux-ci aient été codifiés dans un document officiel. L'exemple le plus frappant, c'est la Grande-Bretagne. « Il existe bien des règles mais elles ne font pas l'objet d'un corps cohérent de règles délibérément édictées mais sont le fruit de traditions et de pratiques répétées auxquelles on accorde une valeur obligatoire. »[24]

À côté de cette constitution, existe une coutume constitutionnelle. La coutume constitutionnelle est « un ensemble des règles non écrites coutumières, accessoires à la constitution écrite. Elles sont censées être de même rang que la constitution, ces règles peuvent servir à interpréter la constitution si elle est ambiguë, la compléter sur certains points, voire la modifier. »[25]

D. Les fonctions de la constitution

La constitution recouvre plusieurs fonctions :

- Selon la conception française et américaine, la constitution est un instrument juridique de limitation du pouvoir ou encore source de toute norme. Selon H. KELSEN, la constitution est à la base des sources juridiques nationales. Elle constitue le sommet de la hiérarchie des normes internes et bénéficie donc de la primauté juridique sur les autres normes : loi, règlement, traité, etc., qui doivent se conformer à elle.
- Elle permet l'exercice du pouvoir. Il faut entendre par-là que la constitution octroie « des compétences aux gouvernants et prévoit les conditions dans lesquelles ils peuvent les exercer : elle fonde leur légitimité »[26].
- Elle est le statut de l'État. Elle détermine les organes politiques, leurs compétences et rapports.
- Elle est le garde-fou des libertés individuelles. Elle n'est, pour ses rédacteurs, qu'un instrument au service de la promotion des libertés et des droits.

---

[24] JURIFICHE 2004 sur le Droit constitutionnel (I), Beauvais, 1998.
[25] JURIFICHE 2004 sur le Droit constitutionnel (I), Beauvais, 1998.
[26] JURIFICHE 2004 sur le Droit constitutionnel (I), Beauvais, 1998.

E. Les valeurs constitutionnelles

La constitution est fondée sur les valeurs suivantes :

- l'État de droit ;
- le respect des principes de la souveraineté ;
- la forme républicaine du gouvernement : la République démocratique du Congo est une République indivisible, laïque et démocratique, son organisation est décentralisée ;
- le respect des droits de l'homme ;
- le respect de toutes les croyances ;
- l'égalité devant la loi de tous les citoyens ;
- l'égal accès des femmes et des hommes aux mandats électoraux et aux fonctions électives ;
- la liberté, le pluralisme et l'indépendance des médias ;
- nul ne peut être arbitrairement détenu.

F. La constitution et la souveraineté nationale

D'après la constitution du 18 février 2016, la souveraineté nationale appartient au peuple qui l'exerce par ses représentants d'une manière indirecte et par la voie du référendum ou d'élections. Le suffrage peut être direct ou indirect. Il est universel, égal et secret. Tous les nationaux congolais majeurs de deux sexes, jouissant de leurs droits civils et politiques, ont le droit de créer les partis politiques ou de s'affilier à des partis politiques de leur choix. Les partis politiques et groupements politiques :

- se forment et exercent leur activité librement dans le respect de la loi, de l'ordre public et des bonnes mœurs ;
- concourent à l'expression du suffrage, au renforcement de la conscience nationale et à l'éducation civique ;
- respectent les principes de la souveraineté nationale et de la démocratie ;
- contribuent à la mise en œuvre de l'égal accès des femmes et des hommes aux mandats électoraux et aux fonctions électives ;
- les partis politiques peuvent recevoir de l'État des fonds publics destinés à financer leurs campagnes électorales ou leurs activités.

SECTION 2. LA CRÉATION DE LA CONSTITUTION ET LE CONTRÔLE DE CONSTITUTIONNALITÉ

Les fonctions de la constitution renvoient à l'étude de la création de la constitution et au contrôle de constitutionnalité. Qui pourra élaborer, modifier ou contrôler la constitution ?

A. La création ou l'élaboration d'une constitution

La création ou l'élaboration d'une constitution est l'œuvre du pouvoir constituant. À côté du pouvoir constituant, existe ce qu'on appelle les pouvoirs constitués.

1. Le pouvoir constituant

Le dictionnaire politique de Toupie définit le pouvoir constituant comme étant un pouvoir qui a reçu un mandat pour créer ou réviser la constitution d'un État.

Autrement, il est celui qui est mis en place pour l'élaboration et la révision d'une constitution. Il est aussi appelé la **super légalité**.

Il existe deux sortes de pouvoirs constituants : le pouvoir constituant originaire et le pouvoir dérivé.

1.1. Le pouvoir constituant originaire

Le pouvoir constituant originaire est chargé d'élaborer une première ou une nouvelle constitution d'un État.

Il peut être non démocratique et démocratique.

1.1.1. Le pouvoir constituant originaire non démocratique

Il est non démocratique lorsque la constitution est imposée par un homme qui s'est approprié le pouvoir. Ici, la constitution peut être octroyée par le souverain au peuple ; elle peut également être imposée par le pouvoir aux gouvernés, etc.

1.1.2. Le pouvoir constituant originaire démocratique

Il est dit démocratique lorsque le peuple est associé à l'élaboration par le procédé de l'assemblée constituante (assemblée élue par le peuple, mais souveraine : elle élabore et approuve seule le texte) ou du référendum constituant (une assemblée élue par le peuple ou un gouvernement, soumet son projet au peuple par référendum).

Toutefois, l'assemblée peut disposer d'un pouvoir souverain d'élaborer seule une constitution sans autre vote populaire ou être tenue de soumettre son projet au peuple pour approbation (référendum constituant).

1.2. Le pouvoir constituant dérivé

C'est celui qui est habilité à réviser la constitution, selon la procédure et dans les limites prévues par le pouvoir constituant originaire :

- Les limites temporelles : la constitution ne pourra être modifiée dans certaines circonstances, qu'à compter de l'expiration d'un certain délai...
- Les limites matérielles : le pouvoir constituant ne pourra toucher qu'à certaines matières.
- Les limites formelles : une procédure spéciale de révision peut être prévue. Contrairement à la constitution **souple** (peu de limites, donc limites : elle peut être modifiée dans les mêmes conditions qu'une loi ordinaire), est dite **rigide** (beaucoup de limites, elle prévoit une procédure spéciale et renforcée pour sa révision) la constitution qui ne permet pas à un pouvoir constitué (pouvoir public) de modifier seul la constitution mais qui requiert le respect d'une procédure spéciale plus contraignante que celle requise pour l'adoption d'une loi.

Ce qu'il faut retenir : en général, une **constitution souple** est synonyme de **constitution matérielle** en raison de la confusion entre le pouvoir constituant et le pouvoir législatif (le cas du régime parlementaire) ; tandis qu'une **constitution formelle** vaut **constitution rigide**, par suite de la différenciation entre ces deux pouvoirs (le cas du régime présidentiel).

2. Les pouvoirs constitués

Selon Maurice HAURIOU, les pouvoirs constitués ou pouvoirs publics sont ceux de volonté en vertu desquels les organes de l'État exercent les fonctions de celui-ci. Ces organes peuvent être : le président de la République, le gouvernement, l'Assemblée nationale, le Sénat, etc. Autrement dit, « ils découlent de la constitution établie par le constituant : ce sont le pouvoir législatif, le pouvoir exécutif et le pouvoir judiciaire qui tirent en leurs principales compétences de la constitution »[27].

3. Quelques questions récapitulatives

3.1. Qui peut élaborer une constitution ?

Le titulaire du pouvoir de révision d'une constitution peut être une assemblée constituante élue par le peuple avec pour mission d'élaborer la constitution et également l'assemblée parlementaire en place disposant du pouvoir constituant et du pouvoir législatif.

3.2. Qui peut prendre l'initiative de réviser une constitution ?

Le titulaire de l'initiative peut être le chef de l'État, le gouvernement, le Parlement, le peuple, etc.

3.3. Qui est le titulaire du pouvoir constituant ?

Le titulaire du pouvoir constituant peut être le peuple, les représentants du peuple, le chef de l'État et le pouvoir constituant partagé à la fois entre le chef de l'État et une ou plusieurs assemblées.

- Le peuple correspond au procédé démocratique direct avec comme système : le référendum.
- Les représentants du peuple ou de la nation correspondent au procédé démocratique indirect avec comme système : l'Assemblée constituante, la convention ou l'Assemblée nationale.
- Le chef de l'État et les représentants du peuple ou de la nation correspondent au procédé semi-autoritaire avec comme système : la charte ou le système du pacte.
- Le chef de l'État correspond au procédé autoritaire avec comme système : la charte ou le système de l'octroi.

Ces questions récapitulatives étant passées en revue, il est très important d'examiner le contrôle de la constitutionnalité.

---

[27] OLIVA (Éric), *Droit constitutionnel*, op. cit., p. 11.

B. Le contrôle de constitutionnalité

Le contrôle de constitutionnalité est un ensemble de moyens juridiques ou politiques mis en place en vue d'assurer la régularité interne et externe des normes juridiques par rapport à la constitution. Autrement dit, le contrôle de constitutionnalité est un contrôle juridictionnel exercé afin de s'assurer que les normes de droit (lois, règlements, traités) d'un État respectent la constitution. Celle-ci est, en effet, placée au sommet de la hiérarchie des normes.

1. L'objet du contrôle de constitutionnalité

Son objet est de vérifier la conformité des normes juridiques inférieures à la constitution.

Pour Michel de VILLIERS, professeur de droit constitutionnel à l'université de Nantes, le contrôle de constitutionnalité est une « procédure ou ensemble de procédures ayant pour objet de garantir la suprématie de la constitution en annulant ou en paralysant l'application de tout acte (généralement une loi) qui lui serait contraire ».

2. Les grands types de contrôle de constitutionnalité

Il existe deux grands types de contrôle de constitutionnalité : un contrôle par voie d'action et un contrôle par voie d'exception.

2.1. Le contrôle par voie d'action

Cette forme de contrôle vise à obtenir l'annulation pure et simple de la loi devant une cour constitutionnelle. Autrement dit, l'auteur du recours demande l'annulation de la loi, c'est-à-dire sa disparition de l'ordre juridique.

Il existe deux types de contrôle par voie d'action : le contrôle a priori et le contrôle a posteriori.

2.1.1. Le contrôle a priori

On parle de contrôle a priori lorsqu'il se situe entre le vote de la loi et sa promulgation.

2.1.2. Le contrôle a posteriori

C'est un contrôle qui intervient après la promulgation de la loi. Ce système est une source d'instabilité juridique. Il a l'avantage de permettre de « censurer des inconstitutionnalités qui, au moment d'édicter l'acte litigieux, ne l'avaient pas été, soit parce qu'il n'existait pas à l'époque de mécanismes de contrôle de la constitutionnalité, soit parce que, bien qu'existants, ils n'avaient pas été utilisés (il n'est pas rare en effet que l'inconstitutionnalité d'une loi n'apparaisse clairement que lorsqu'on commence à l'appliquer) »[28].

2.2. Le contrôle par voie d'exception

Une partie à un procès en cours d'instance devant un tribunal ordinaire invoque l'inconstitutionnalité d'une loi dont le juge prétend faire application à son encontre. Si cette inconstitutionnalité est alors avérée, le juge n'annule pas la loi, mais écarte son application dans l'affaire en cours. Cependant, sa décision fait jurisprudence et la loi devient généralement inapplicable[29]. Elle reste malgré tout dans l'ordre juridique.

Le contrôle par voie d'exception peut être organisé de deux manières : le contrôle diffus (modèle américain) et le contrôle concentré (modèle européen).

2.2.1. Le contrôle diffus : le modèle américain

Olivier DUHAMEL et Yves MENY considèrent à la page 229 que le contrôle de constitutionnalité des lois est dit « diffus » lorsqu'il peut être exercé par tout juge.

Le fait que, dans ces pays, tout juge puisse contrôler la constitutionnalité des lois n'exclut pas que ce contrôle s'exerce sous l'autorité d'une Cour Suprême qui est l'instance finale pour juger de la contrariété entre une loi et la constitution.

2.2.2. Le contrôle concentré : le modèle européen

Le contrôle de constitutionnalité des lois est un contrôle concentré lorsqu'une institution a le modèle d'un tel contrôle. La plupart des États européens préfèrent confier le contrôle de

---

[28] DUHAMEL (Olivier) et MENY (Yves), Dictionnaire constitutionnel, op. cit., p. 225.

[29] KADA (Nicolas), Lexique de Droit constitutionnel, op. cit., p. 26-27.

constitutionnalité des lois à une Cour constitutionnelle, c'est-à-dire à une institution spécialement créée à cet effet. L'arrêt rendu par Cour constitutionnelle a en principe une autorité de chose jugée absolue.

3. L'organe de contrôle de constitutionnalité

Afin d'éviter toute violation de la constitution, il est nécessaire qu'un contrôle au respect de la constitution soit effectué par les organes de l'État, et surtout pour garder aux lois constitutionnelles leur caractère de supériorité.

Il existe deux organes aptes de contrôler la constitutionnalité des lois :

- L'organe politique : les membres sont aux ordres du pouvoir exécutif ou législatif.
- L'organe juridictionnel : le pouvoir est confié aux juges ordinaires (par exemple aux États-Unis) ou à une juridiction spécialisée (dans de nombreux pays européens comme l'Allemagne, l'Autriche, la France, l'Italie, etc.).

CHAPITRE IV

Le pouvoir politique

Ce chapitre consacre quatre sections pour l'étude du pouvoir politique : le fondement juridique du pouvoir, le choix des gouvernants par les citoyens, la séparation des pouvoirs et la confusion des pouvoirs et des fonctions de l'État.

SECTION 1. LE FONDEMENT JURIDIQUE DU POUVOIR

Le fondement juridique du pouvoir, c'est la souveraineté. Le mot « souveraineté » est apparu en 1527. La souveraineté recouvre son sens moderne avec Jean BODIN. Il s'agit d'un pouvoir suprême, au-dessus de tout, donc inaliénable, consistant essentiellement dans l'exercice de la production des normes applicables à l'ensemble de la société. Dans cette section, on étudiera le titulaire de la souveraineté et l'exercice de la souveraineté selon les régimes.

A. Qui est le titulaire de la souveraineté ?

1. La conception théocratique

Selon la conception théocratique, le pouvoir est d'origine divine et son titulaire n'est rien d'autre que le divin. À titre d'exemple, on peut citer Pharaon. Il était considéré comme un dieu vivant et puissant par les Égyptiens. Dans cette conception, le pouvoir est absolu.

2. La représentation divine

Dans la représentation divine, le pouvoir est d'origine divine. Celui qui le représente n'est plus Dieu lui-même. Le pouvoir du roi émane de Dieu qu'il représente.

3. La souveraineté nationale

La conception découlant de l'article 3 de la déclaration des droits de l'homme et du citoyen de 1789 déclare que « le principe de toute souveraineté réside essentiellement dans la nation. Nul corps, nul individu ne peut exercer d'autorité qui n'en émane expressément », ce qui signifie que la souveraineté n'appartient pas individuellement à chaque membre de la société, mais elle est une, indivisible et inaliénable dans la nation tout entière qui l'exerce par le canal de ses représentants.

3.1. La souveraineté est indivisible

La souveraineté est une et indivisible, car elle ne peut pas être divisée en parcelles de souveraineté appartenant aux individus composant la nation. Autrement dit, la volonté générale n'est pas la somme des volontés individuelles. C'est le principe fondamental du modèle de l'État central.

3.2. La souveraineté est inaliénable

La nation demeure le titulaire incontournable de pouvoirs dont elle délègue seulement l'exercice à des représentants de son choix. Ici, un représentant de la nation représente non seulement les électeurs de sa circonscription, mais aussi la nation dans son ensemble. Il a ce qu'on appelle le « mandat représentatif ». Le mandat représentatif veut dire que le représentant agit sans contrôle. Sa liberté est totale tout au long de son mandat.

4. La souveraineté populaire

D'après l'idée de Jean-Jacques ROUSSEAU dans *Le Contrat social*, la souveraineté appartient au peuple mais est divisible en autant de parcelles de souveraineté qu'il y a de citoyens ; chaque citoyen est titulaire d'une partie de la souveraineté. En termes clairs, la souveraineté est conçue pour une somme d'hommes vivant sur un territoire donné. Ici, le peuple exerce lui-même, sans intermédiaire, sa souveraineté. Donc, la souveraineté est compatible avec la démocratie directe.

Elle est **inaliénable** car chaque citoyen doit en principe être consulté pour toute décision politique. Les citoyens élisent de simples mandataires qui sont révocables par leurs électeurs s'ils ne suivent pas les instructions de ces derniers. Son mandat est impératif, car l'élu n'est pas libre, il exécute les instructions en provenance du peuple. L'élu est subordonné au peuple. Il est privé de toute initiative autonome. Son mandat est de courte durée, lui permettant d'éviter les abus de pouvoir, les fossés entre les représentants et les représentés. L'avantage de ce mandat court est d'être facilement contrôlé par le peuple. L'analyse du titulaire de la souveraineté renvoie à l'étude de l'exercice de la souveraineté selon les régimes.

B. L'exercice de la souveraineté selon les régimes

La démocratie est née en Grèce, à Athènes. Elle est traditionnellement associée « au régime politique qui dépose le pouvoir dans les mains du peuple. La démocratie serait alors, conformément à son étymologie, le gouvernement du peuple (*demos*, en grec) par le peuple et pour le peuple : si le souverain commet le dépôt du gouvernement à tout le peuple ou à la plus grande partie (...), on donne à cette forme de gouvernement le nom de démocratie. »[30]

La démocratie est devenue une norme internationale, un idéal partagé, mais elle est pratiquée sous diverses formes et même certains régimes autoritaires se prévalent d'être des démocraties !

On y distingue trois sortes : la démocratie directe, la démocratie représentative et la démocratie semi-directe.

1. La démocratie directe

D'après Jean-Jacques ROUSSEAU, la démocratie directe est fondée sur l'idée de la souveraineté populaire, elle est le régime le plus idéalement démocratique, car le peuple exerce directement le pouvoir, sans représentants. Chaque citoyen participe activement à la prise des décisions politiques par un vote collectif, à l'image de la démocratie athénienne antique. La présentification est que ce système est irréalisable en raison de l'impossibilité de rassembler

[30] ROUSSEAU (Jean-Jacques), *Du Contrat social, III, 3*, p. 105, GF, 1966 (1762).

tous les gouvernés. Non seulement elle est irréalisable, mais les lois sont très complexes pour la plupart.

2. La démocratie représentative

La démocratie représentative est fondée sur l'idée de la souveraineté nationale. Le peuple ne pouvant se gouverner lui-même, il désigne, à la majorité, ses représentants élus qui exerceront le pouvoir en son nom. Le représentant élu représente la nation tout entière et non sa circonscription. Il est libre de ses décisions et n'a pas de comptes à rendre aux électeurs.

3. La démocratie semi-directe

Elle est une forme de démocratie qui combine la démocratie représentative et la démocratie directe : le pouvoir est normalement exercé par des représentants, mais les citoyens peuvent, dans certaines conditions, intervenir directement dans son exercice en évitant que ne se développe le sentiment d'une classe politique coupée des soucis des citoyens, puisque ceux-ci peuvent décider de la loi, directement, au moyen du référendum. C'est « un modèle qui anime, à des degrés divers, les démocraties occidentales telles que la France, l'Italie, la Suède ou la Grande-Bretagne (qui n'hésite plus à recourir au processus référendaire) »[31]. Dans ce système, il existe différentes techniques : le veto populaire, l'initiative populaire et le référendum.

SECTION 2. LA DÉSIGNATION DES GOUVERNANTS PAR LES CITOYENS

A. Le droit de suffrage ou le droit de vote

D'après Maurice HAURIOU, le droit de suffrage est une manifestation de volonté dans le cadre d'une élection ou d'une organisation politique de l'assentiment. En termes clairs, le droit de suffrage ou le droit de vote est le droit reconnu pour tous les citoyens de participer au choix des gouvernants.

Deux points sont à distinguer : l'étendue du droit de suffrage et l'égalité du suffrage.

---

[31] KADA (Nicolas), *Lexique de Droit constitutionnel*, op. cit., p. 34.

1. L'étendue du droit de suffrage

Il existe deux sortes de suffrages.

1.1. Le suffrage restreint

Le droit de vote est limité à certains selon divers critères : le suffrage censitaire et le suffrage capacitaire. Autrement dit, le suffrage restreint est celui qui n'est reconnu qu'à certains citoyens sélectionnés au moyen de divers critères.

- **Le suffrage censitaire** est un suffrage restreint limité à ceux qui paient des impôts ou qui justifient une certaine fortune. « Instauré en Grande-Bretagne dès le XVe siècle, très répandu en France à partir de 1791 et durant une large partie du XIXe siècle, le suffrage censitaire assoit ainsi un régime oligarchique, selon les revenus et les capacités. S'ajoute au cens économique (limitation aux propriétaires fonciers) un éventuel cens culturel, basé sur l'exigence de diplômes ou tout simplement sur la seule maîtrise de la lecture et de l'écriture (condition fortement discriminante à l'époque). »[32]
- **Le suffrage capacitaire** est un suffrage restreint qui subordonne « la qualité d'électeur aux capacités intellectuelles ou niveau d'instruction »[33]. En fait, il s'agit honnêtement d'éliminer du droit de vote les analphabètes. Les majeurs en tutelle sont également écartés.

1.2. Le suffrage universel

Le suffrage universel a été utilisé pour la première fois en France pour l'élection de la convention en 1792, et au Congo-Kinshasa en 1960. Le suffrage universel est celui qui est reconnu à tous les citoyens. De nos jours, l'universalité du suffrage demeure toujours limitée pour d'autres personnes n'ayant pas la majorité électorale de 18 ans, déchues du droit de vote ou radiées des listes électorales (majeurs en tutelle), etc.

En d'autres termes, le suffrage universel est un suffrage où le droit de vote est accordé à tous les citoyens qui ont la capacité électorale, c'est-à-dire sous certaines conditions minimales d'âge, de nationalité, de capacité morale et d'inscription sur les listes

---

[32] KADA (Nicolas), *Lexique de Droit constitutionnel*, op. cit., p. 122.

[33] AVRIL (Pierre) et GICQUEL (Jean), *Lexique de Droit constitutionnel*, op. cit., p. 115.

électorales. Il n'est fait aucune distinction de sexe, de race, de fortune, de religion, de profession...

2. L'égalité du suffrage

- Le suffrage est toujours **égal**. Tout bulletin de vote compte pour une voix et une seule. La démocratie s'oppose en effet à ce que certains citoyens disposent de plus de voix que d'autres ; elle s'oppose au suffrage multiple comme au suffrage plural.
- Le **suffrage multiple** permet à une seule personne de voter dans plusieurs circonscriptions (en vigueur en Grande-Bretagne en 1951).
- Le **suffrage plural** permet à une seule personne de déposer plusieurs bulletins dans l'urne de sa circonscription (diplômés, propriétaires, chefs de famille, etc.).
- Le ***gerrymandering*** est « un procédé de découpage électoral qui tire son appellation du nom d'un gouverneur du Massachusetts du début du XIXe siècle (GERRY), qui s'est illustré par un mode complexe et sophistiqué de délimitation des circonscriptions afin de maximiser les chances de son parti »[34]. Autrement dit, c'est un découpage arbitraire d'une circonscription électorale, sans rapport avec la géographie et destiné à favoriser outrageusement un parti politique.

Bref, c'est le découpage des circonscriptions électorales ayant pour objectif de donner l'avantage à un parti politique, un candidat ou un groupe donné.

Quels sont les différents modes de scrutins utilisés pour le choix des gouvernants par les citoyens ?

B. Les différents modes de scrutins

Un mode de scrutin n'est qu'une technique, un outil, permettant le passage du décompte des voix à la désignation des élus, c'est-à-dire qu'il vise à « faire correspondre un nombre précis

[34] BADIE (Bertrand), BIRNBAUM (Pierre), BRAUD (Philippe) et HERMET (Guy), *Dictionnaire de la Science politique et de ses institutions politiques*, éditions Armand Colin, Paris, 2005, p. 137.

de suffrages exprimés lors d'une élection et les sièges à pourvoir »[35].

1. La distinction entre le scrutin direct et le scrutin indirect

- Le **scrutin direct** : « Les électeurs désignent sans intermédiaire leurs élus : chaque électeur vote pour un candidat qui est directement susceptible de devenir député. Ce type de scrutin est utilisé pour les élections les plus importantes, notamment, presque toujours, pour l'élection de la première chambre. »[36]
- Le **scrutin** est dit **indirect** lorsque certains élus sont choisis par d'autres élus désignés par les électeurs. Donc, les citoyens n'élisent pas directement leurs représentants mais de grands électeurs qui élisent ensuite les représentants. Par exemple, les sénateurs.

2. La distinction entre le scrutin uninominal et le scrutin de liste (plurinominal)

D'une manière générale, le scrutin uninominal peut avoir deux listes : bloquée ou panachage. La liste est **bloquée**, lorsque les électeurs ne peuvent modifier les listes telles qu'elles sont présentées, ils doivent voter en faveur d'une liste complète. La liste est **panachage**, lorsque les électeurs sont autorisés à composer eux-mêmes leur liste en empruntant éventuellement des noms sur plusieurs listes[37].

- Le **scrutin plurinominal ou de liste** est celui dans lequel l'électeur est appelé à voter dans chaque circonscription pour plusieurs candidats. Ici, le vote peut être simple ou préférentiel. Le vote est **simple** lorsqu'il oblige l'électeur à respecter l'ordre de présentation des candidats sur la liste. Le vote est dit **préférentiel** lorsqu'il va permettre à l'électeur de changer cet ordre de présentation en inscrivant un numéro d'ordre en face du nom d'un, de plusieurs ou de tous les

---

[35] KADA (Nicolas), *Lexique de Droit constitutionnel*, op. cit., p. 72.
[36] VIALLE (Pierre) avec la collaboration de LAJOIE (Jean-Louis) et TOMASI (Jean-Paul), *Droit constitutionnel et science politique. Tome 1. Théorie générale et régimes politiques étrangers*, op. cit., p. 120.
[37] OLIVA (Éric), *Droit constitutionnel*, op. cit., p. 73.

candidats. Si le panachage des listes est autorisé, sont élus ceux qui obtiennent le plus de voix.

3. Le scrutin majoritaire

Le scrutin majoritaire est un mode de scrutin privilégiant « la décision du pouvoir de suffrage en attribuant le (ou les) siège(s) à pourvoir dans la circonscription électorale au (ou aux) candidat(s) ayant recueilli la majorité des voix ».

Le scrutin majoritaire peut être scindé en trois : la majorité absolue, la majorité relative et la majorité qualifiée.

- La **majorité absolue** : est élu celui qui a obtenu plus de la moitié des votes (supérieur à 50 %). Elle est composée de la moitié des voix plus une.
- La **majorité relative** : est élu celui qui a obtenu le plus de voix (inférieures à 50 %). Autrement dit, elle correspond au plus grand nombre de voix obtenues par un candidat. La victoire est accordée au candidat qui a réuni sur son nom plus de voix que chacun de ses concurrents pris séparément.
- La **majorité qualifiée** : est élu celui qui a recueilli un certain pourcentage de votes. Par exemple, 32 % au moins. En d'autres termes, la majorité qualifiée permet d'accorder la victoire au candidat qui a réuni un pourcentage de voix supérieur à un pourcentage préalablement fixé par le [22] de l'élection. Exemple : 60 % des suffrages.

L'avantage du scrutin majoritaire, c'est qu'il permet la constitution de majorités parlementaires solides offrant une base stable au gouvernement, surtout quand le scrutin est à un tour (bipartisme). Ici, le candidat ou la liste arrivant en tête dans une circonscription remporte le siège si c'est un scrutin uninominal, ou l'ensemble des sièges si c'est un scrutin plurinominal de la circonscription. À l'inverse, le scrutin majoritaire à deux tours, qui est actuellement pratiqué en France, produit des effets nuancés (multipartisme). Le désavantage de ce scrutin majoritaire à deux tours, c'est qu'il est inéquitable car il ne permet pas la représentation de petits partis politiques, contrairement à la représentation proportionnelle.

4. La représentation proportionnelle

Par définition, la représentation proportionnelle impose un scrutin de liste à un seul tour.

Dans un cadre d'un suffrage à la proportionnelle, les sièges à pourvoir sont répartis en fonction des voix obtenues. Elle assure à chaque parti politique un nombre de sièges proportionnel au nombre de voix qu'il a obtenu par chaque liste. En d'autres termes, une représentation proportionnelle est un système électoral accordant aux divers partis politiques, ou aux listes candidates, un nombre d'élus qui est proportionnel au nombre de suffrages obtenu par chacune d'elles. Le système proportionnel permet d'obtenir une assemblée d'élus qui reproduit le plus fidèlement possible l'image de l'ensemble du corps électoral.

Elle peut être intégrale ou approchée.

- La **représentation proportionnelle intégrale** : il existe une seule circonscription regroupant l'ensemble de sièges à pourvoir. Les listes présentent dès lors autant de « candidats que des sièges à pourvoir et la répartition se fait ensuite proportionnellement aux suffrages obtenus. Si ce système permet une représentation de toutes les sensibilités, il avalise néanmoins une suprématie totale des partis politiques qui élaborent les listes et garantit quasiment l'élection des premiers candidats de chaque liste »[38], contrairement aux candidats positionnés en fin de liste qui n'ont aucune chacune d'être élus.
- La **représentation proportionnelle approchée** : celle qui répartit les restes à l'intérieur des circonscriptions, ce qui entraîne, pour les listes, des voix non représentées dans les circonscriptions où elles ont été en compétition.

Il existe deux méthodes[39] :

- La répartition aux plus forts restes : on attribue les sièges restants aux listes présentant les restes de suffrages non comptabilisés les plus importants, ce qui favorise généralement la représentation du plus grand nombre de listes ;
- La répartition à la plus forte moyenne : on opère un calcul fictif qui consiste à diviser, pour chacune des listes, le

[38] KADA (Nicolas), *Lexique de Droit constitutionnel*, op. cit., p. 109.

[39] KADA (Nicolas), *Lexique de Droit constitutionnel*, op. cit., pp. 109-110.

montant des suffrages obtenus par le nombre de sièges déjà attribués auquel on ajoute un. Ce qui permet de privilégier les listes arrivées en tête des suffrages.

Que dire du scrutin majoritaire par rapport à la représentation proportionnelle ?

Les débats autour des modes de scrutin s'expliquent souvent par la difficulté de concilier plusieurs buts. Pour les proportionnalistes, un système électoral doit donner une image fidèle de la situation politique ; pour les majoritaires, il vise à désigner une majorité d'élus capables de gouverner. Au-delà de la répartition des sièges, le choix du mode de scrutin influence donc la vie politique.

Les **scrutins proportionnels** conduisent souvent à une pesanteur du système politique, les partis étant indépendants les uns des autres et stables, et les partis charnières y jouant un rôle important. Le scrutin majoritaire à un tour favorise, lui, les alternances, mais entre seulement deux partis. Le scrutin majoritaire à deux tours a la souplesse de l'alternance avec plus de partis incités à conclure des alliances[40].

Les **scrutins proportionnels** rendent difficile l'émergence d'une majorité stable et cohérente, faisant primer une logique de coopération des partis (les partis se partagent le pouvoir comme les sièges). Les élus craignent moins une dissolution que dans le **scrutin majoritaire**, donc ils n'hésitent pas à renverser le gouvernement. À l'inverse, les scrutins majoritaires conduisent le plus souvent à l'apparition de majorités stables, fondées sur un affrontement avec l'opposition (la coalition qui l'emporte gouverne seule) et au prix d'une injustice dans la représentation. Les deux types de modes de scrutin correspondent donc aussi à une conception de la vie politique[41].

SECTION 3. LA SÉPARATION DES POUVOIRS

A. L'observation générale sur la séparation des pouvoirs

La séparation des pouvoirs est un principe qui tend à éviter les excès du pouvoir en confiant l'exercice de celui-ci non à un organe unique, mais à plusieurs organes, chargés chacun d'une fonction différente et en mesure de se faire mutuellement contrepoids. Le

[40] Documentation française.

[41] Ibid, op. cit.

dictionnaire politique de toupie définit clairement la séparation des pouvoirs comme étant un principe, une théorie, qui préconise que les trois grandes fonctions de l'État (le pouvoir exécutif, le pouvoir législatif et le pouvoir judiciaire) soient chacune exercées par un organe ou une instance différente :

- le pouvoir législatif, dévolu aux assemblées représentatives, édicte les règles ;
- le pouvoir exécutif, détenu par le gouvernement, exécute les règles ;
- le pouvoir judiciaire, assuré par les juridictions, règle les litiges.

La théorie de la séparation des pouvoirs a été envisagée par LOCKE (1632-1704) dans son *Essay on the Governement* (1690). En réaction contre l'absolutisme royal, voué à la confusion des pouvoirs, MONTESQUIEU (1689-1755) propose un gouvernement (régime) modéré et libéral qui permettait « l'épanouissement de la liberté politique ». À partir des études effectuées sur des régimes anciens et actuels, il arrive à un constat important. Tout homme ou tout organisme qui dispose d'un certain pouvoir a tendance à en abuser et à mettre en péril cette liberté. Pour éviter ces abus, MONTESQUIEU pense qu'il faut que par la disposition naturelle des choses, le pouvoir arrête le pouvoir. Il veut éviter la concentration des pouvoirs symbolisée à l'époque par la monarchie absolue. Mais plus qu'une simple séparation des pouvoirs, MONTESQUIEU préconise le contrepoids des pouvoirs. Ceci dit, au chapitre VI de *L'Esprit des Lois*, il fait la distinction classique des pouvoirs législatif, exécutif et judiciaire. Mais cette séparation des pouvoirs doit être double : une séparation fonctionnelle ou technique et une séparation organique.

- **Une séparation fonctionnelle :** chaque pouvoir ne doit exercer qu'une seule fonction, sans partage et sans interférer dans l'exercice d'un autre pouvoir.
- **Une séparation organique :** chaque pouvoir doit être indépendant de l'autre et ne pas intervenir dans la désignation ou la révocation de représentants des autres pouvoirs.

Selon les époques et les pays, la théorie de la séparation des pouvoirs a été comprise différemment. On peut interpréter la théorie de la séparation des pouvoirs de deux façons : une séparation stricte ou rigide des pouvoirs et une séparation souple des pouvoirs.

B. Une séparation stricte ou rigide des pouvoirs : le régime présidentiel

Le régime de séparation stricte ou rigide des pouvoirs est un système dans lequel les pouvoirs exécutif et législatif collaborent et s'immiscent entre les pouvoirs. Chaque pouvoir surveille et contrebalance les autres. Tous les pouvoirs ne doivent pas être réunis chez une même personne ou un groupe de personnes, sinon le risque est grand qu'ils ne le confisquent et s'en servent à des fins personnelles. Il existe trois grands pouvoirs qui sont censés être indépendants : les pouvoirs exécutif, législatif et judiciaire.

Le régime présidentiel est habituellement illustré par l'exemple américain. Le régime présidentiel institue une séparation totale entre l'exécutif et le législatif.

Quels sont les critères d'un régime présidentiel ? Quelle est la pratique du régime présidentiel aux États-Unis ?

1. Les critères d'un régime présidentiel

1.1. La spécialisation des pouvoirs

La spécialisation des pouvoirs suppose que le pouvoir législatif appartient au Parlement qui détient la fonction législative, contrairement à l'exécutif dont le pouvoir est détenu par le chef de l'État. Il convient de souligner l'inexistence de Premier ministre dans la séparation stricte des pouvoirs. Le chef de l'État est en même temps le chef de l'équipe gouvernementale (cas des États-Unis).

Autrement dit, la spécialisation implique que « chacun des organes est étroitement spécialisé dans la fonction que lui attribue la constitution. On interdit ainsi tout rapport permettant à un organe chargé d'une fonction donnée d'intervenir dans l'exercice d'une fonction réservée à un autre organe. Chacun est compétent pour accomplir une fonction déterminée et il n'est pas autorisé à s'immiscer dans la fonction de l'autre. Le pouvoir législatif est compétent pour légiférer et seulement pour légiférer. Le pouvoir exécutif est compétent pour exécuter les lois et seulement pour cela. » Le pouvoir judiciaire est compétent pour dire le droit et si nécessaire l'interpréter, et seulement pour cela.

1.2. L'indépendance des pouvoirs

L'indépendance des pouvoirs signifie que chacun des organes ne peut avoir d'influence sur la désignation ou sur l'existence de l'autre. L'exécutif et le législatif émanent du suffrage universel. L'on remarque l'absence de la responsabilité entre les pouvoirs : le chef de l'État est élu indépendamment du Parlement au Parlement, souvent au suffrage universel direct. La prohibition du droit de dissolution, qui permet au pouvoir exécutif de porter atteinte au pouvoir législatif en provoquant des élections parlementaires anticipées et en renvoyant les représentants devant les électeurs ; l'inexistence de la mise en jeu de la responsabilité politique du gouvernement, qui permet au pouvoir législatif de destituer le gouvernement en le forçant à démissionner.

Ceci signifie que les membres du gouvernement sont irresponsables devant le Parlement, mais les ministres sont responsables devant le chef de l'État. Le gouvernement ne dépend que de lui et n'a pas besoin de la confiance du Parlement. Le chef de l'État n'a aucun pouvoir de dissoudre le Parlement. L'exécutif et le législatif doivent donc cohabiter jusqu'au terme de leurs mandats.

2. La pratique du régime présidentiel aux États-Unis

Régime né aux États-Unis, qui fait une application stricte de la séparation des pouvoirs, « la rigidité de principe de ce régime a conduit dans d'autres pays soit au blocage des institutions soit à la domination d'un pouvoir sur un autre. Le succès des États-Unis s'explique par l'existence des techniques relativisant la rigidité de pouvoir »[42] :

2.1. Le président a un droit de veto

Il peut menacer de faire usage pour orienter le débat législatif. Dans les faits, il exerce un pouvoir d'initiation des lois en proposant des mesures au Congrès.

2.2. Le Congrès

En droit international, « le Congrès désignait l'Assemblée de ministres plénipotentiaires pour régler des questions de droit. Le terme Congrès est surtout utilisé par la constitution américaine

[42] JURIFICHE, *Droit constitutionnel (1)*, op. cit.

pour désigner l'ensemble des deux chambres, Sénat et Chambre des Représentants. Il équivaut alors au mot français Parlement »[43]. Le Congrès s'immisce dans la fonction législative en votant le budget, en ratifiant les traités (prérogative reconnue au Sénat) et approuvant certaines nominations proposées par le président (juges de la Cour Suprême).

2.3. La responsabilité pénale du président devant le Congrès

Le Congrès dispose d'un moyen de mettre en œuvre la responsabilité pénale du président par ce qu'on appelle l'*impeachment*. « Il est une procédure parlementaire de destitution du président, du vice-président et des fonctionnaires fédéraux qui existe aux États-Unis et que certains projets de révision constitutionnelle envisagent d'introduire en France, afin de pallier les carences et limites actuelles à la mise en jeu de la responsabilité personnelle du chef de l'État pendant l'exercice de son mandat, le cas de la Haute Cour de Justice[44]. »

Aux États-Unis, le Congrès peut donc mettre en accusation l'exécutif et prononcer « l'*impeachment* des plus hautes autorités de l'État pour trahison, corruption, crime contre la chose publique ou délit grave » (art. II, sec. 4 de la constitution fédérale américaine). C'est alors la Chambre des Représentants qui décide de l'inculpation et le Sénat s'érige, quant à lui, en Haute Cour présidée par le Chief justice de la Cour Suprême fédérale. Il peut alors prononcer la destitution du président, tout en laissant ouverte la possibilité de poursuites judiciaires.

C'est « une procédure audacieuse, caractéristique d'un déséquilibre réel des pouvoirs, mais finalement rarement utilisée : ainsi le président Richard NIXON a-t-il préféré démissionner, dans l'affaire du Watergate, plutôt que de risquer une procédure d'*impeachment* ? »[45]. Le procès intenté à Bill CLINTON, en raison de comportements privés, a abouti à son acquittement, en février 1999. Ce qu'il faut retenir de ces deux procédures, c'est qu'elles conservent un caractère politico-judiciaire ambigu.

---

[43] DUHAMEL (Olivier) et MENY (Yves), *Dictionnaire constitutionnel*, Puf, Paris, 1992, p. 195.

[44] KADA (Nicolas), *Lexique de Droit constitutionnel*, op. cit., p. 57.

[45] KADA (Nicolas), *Lexique de Droit constitutionnel*, op. cit., p. 57.

2.4. Le « parlementarisme de couloir »

« Le parlementarisme de couloir permet des échanges entre les parlementaires et le président pour fédérer des majorités de circonstances qui acceptent de voter les propositions du président[46]. »

C. La séparation souple : les régimes parlementaires

Le dictionnaire politique de Toupie définit un régime parlementaire comme étant un régime politique fondé sur une séparation souple des pouvoirs, contrairement au régime présidentiel où la séparation est stricte. Dans le régime parlementaire, le gouvernement qui incarne le pouvoir exécutif peut être renversé par le Parlement devant lequel il est politiquement responsable. Les membres du gouvernement ne sont pas élus, mais sont issus de la majorité parlementaire à laquelle ils doivent leur pouvoir.

Le régime parlementaire est né en Grande-Bretagne au XVIIIe siècle, puis exporté. Le régime de séparation souple des pouvoirs se caractérise par une collaboration équilibrée entre les pouvoirs, où le gouvernement et le Parlement ont des domaines d'action communs (par exemple, l'initiative des lois) et l'existence de modes de sanction réciproques.

Quels sont les critères du régime parlementaire ? Quelle est la classification de régime parlementaire ?

1. Les critères du régime parlementaire

1.1. Les organes

Ils se composent de l'exécutif et du Parlement.

- L'exécutif est dualiste et bicéphale. Il est d**ualiste**, parce qu'il se décompose en deux éléments essentiels : le **chef de l'État** et le **gouvernement**. « Il est presque toujours **bicéphale**, parce qu'il y a un chef du gouvernement qui est qualifié différemment selon les lieux et les époques : **Premier ministre** en Grande-Bretagne et en France, **Chancelier** en Allemagne, **président du Conseil** en Italie et **président du gouvernement** en Espagne. » Un chef de l'État est politiquement irresponsable ; dans certains États, ils

---

[46] JURIFICHE, *Droit constitutionnel (1)*, op.cit.

disposent d'attributions protocolaires (par exemple, la reine en Grande-Bretagne, le président allemand, etc.). Un gouvernement est titulaire de la fonction exécutive, seul ou avec le chef de l'État, et dont le chef est généralement choisi par le chef de l'État au sein de la majorité parlementaire.

- En ce qui concerne le Parlement, qui est à la fois puissant et titulaire de la fonction législative, il est souvent composé de deux chambres (bicamérisme). La première chambre est élue au suffrage universel et représente l'ensemble du peuple (députés). La seconde chambre (Sénateurs) peut être chargée de représenter les États fédérés dans un système fédéral (le cas de l'Allemagne) ou les régions dans un État fortement décentralisé (les cas de l'Espagne, de l'Italie, etc.).

1.2. Des pouvoirs de sanctions réciproques[47]

- Le gouvernement (ministres et Premier ministre) est politiquement responsable devant le Parlement qui peut l'obliger à démissionner, soit à l'initiative du gouvernement lui-même (question de confiance par laquelle le gouvernement fait pression sur l'Assemblée et menace de démissionner si celle-ci rejette le texte qu'il lui propose) soit sur l'initiative parlementaire (motion de censure = motion par laquelle une Assemblée met en cause la responsabilité du gouvernement, son adoption entraîne la démission de celui-ci).
- Le gouvernement (ou le chef de l'État) dispose du pouvoir de dissoudre l'Assemblée, ce qui permet de faire ainsi contrepoids au pouvoir de révocation de la chambre en la dissuadant d'en user sous peine de dissolution. La dissolution permet également à l'exécutif d'éliminer une majorité qui lui est opposé ou de faire arbitrer par les urnes un conflit entre la chambre et le gouvernement ou encore de mettre fin à une Assemblée ingouvernable car trop divisée.

2. La classification de régime parlementaire

Il existe deux régimes parlementaires : le régime parlementaire moniste et le régime parlementaire dualiste.

[47] JURIFICHE, *Droit constitutionnel (1)*, op.cit.

2.1. Le régime parlementaire moniste

Le régime parlementaire signifie que « le chef du gouvernement assume la responsabilité de sa politique devant le seul Parlement dont il est l'émanation. Il n'a aucune responsabilité devant le chef de l'État, qui préside ou règne mais ne gouverne pas. C'est le cas en Grande-Bretagne, en Allemagne, en Italie, en Espagne... et ce fut le cas en pratique en France sous les IIIe et IVe Républiques[48]. » Autrement dit, le chef du gouvernement accapare généralement l'essentiel du pouvoir exécutif, le chef de l'État n'ayant qu'un rôle protocolaire.

2.2. Le régime parlementaire dualiste

Le régime parlementaire dualiste est une forme de régime parlementaire dont le chef du gouvernement est à la fois responsable devant le Parlement et devant le chef de l'État : le premier peut le renverser, le second peut le démettre de ses fonctions ou lui demander de démissionner.

En conclusion, la classification a une valeur relative car certains régimes sont mixtes : il y a l'existence d'un mélange d'éléments de différents types de régimes. Le cas le plus frappant est celui de la France, car elle est un régime parlementaire avec des ingrédients du régime présidentiel.

SECTION 4. LA CONFUSION DES POUVOIRS

Certains régimes se caractérisent par une concentration des pouvoirs au profit d'un seul organe ou d'une seule personne. Autrement dit, l'expression « confusion des pouvoirs » qualifie un régime politique où l'un des trois pouvoirs (législatif, exécutif, judiciaire) domine les deux autres. Si les trois pouvoirs existent, leur distinction est alors purement formelle. Le cas le plus fréquent est la confusion des pouvoirs au profit de l'exécutif, en particulier de son chef.

La confusion des pouvoirs peut aussi se caractériser par l'absence d'équilibre et de séparation fonctionnelle entre les trois pouvoirs.

La confusion des pouvoirs peut se scinder en deux : la confusion des pouvoirs au profit du Parlement et la confusion des pouvoirs au profit de l'exécutif.

---

[48] KADA (Nicolas), *Lexique de Droit constitutionnel*, op. cit., p. 104.

A. La confusion des pouvoirs au profit du Parlement

La confusion des pouvoirs au profit du Parlement est ce régime communément appelé « régime d'Assemblée » ou aussi « régime conventionnel » qui concentre les fonctions législative, exécutive et juridictionnelle. Le régime d'assemblée se caractérise par la subordination de l'exécutif à l'Assemblée (au législatif). Dans le régime d'assemblée, le Parlement est monocaméral, sauf dans le cadre du fédéralisme. Le Parlement est maître sur toute la ligne. La démocratie et la République s'épanouissent et se résument dans le Parlement. L'Assemblée désigne l'exécutif, peut le révoquer, mais ne risque pas d'être dissoute par lui ; elle peut même annuler la décision prise par l'exécutif. Ce pouvoir appartient tant à la chambre des députés qu'au Sénat.

Ce régime a servi de « modèle dans la constitution soviétique de 1977 dans laquelle tous les organes provenaient de la chambre élue et du parti communiste. La présence de ce régime se justifie par le besoin d'unifier le pouvoir pour renforcer l'unité de l'État. Ce fut le cas de la France, confrontée à la crise révolutionnaire, et de l'U.R.S.S., au nom de l'effort de construction de la société communiste et de l'unité du parti. »[49] Aujourd'hui, seul le régime helvétique s'en rapproche.

Dans son évolution, ce régime peut connaître des difficultés à se maintenir, car « il aboutit souvent à une confiscation du pouvoir au profit d'un petit groupe ou d'un seul homme, qui parvient à subjuguer l'Assemblée. (...) Cela joue surtout dans les périodes de crise, où l'Assemblée, avec la lenteur de ses débats, ne peut faire face aux situations d'urgence, si bien que cela ouvre parfois la porte à une pratique où l'exécutif est prépondérant. »[50]

En conclusion, « le régime de confusion des pouvoirs, très souvent issu de circonstances historiques particulières, est un régime attentatoire aux libertés car l'organe investi seul d'une formidable puissance, ne trouve aucun contrepoids pour le freiner. »[51]

---

[49] SAINT-JAMMES (Virginie), *Droit constitutionnel*, éditions Bréal, ROSNY-SOUS-BOIS, 2001, p. 63.
[50] SAINT-JAMMES (Virginie), *Droit constitutionnel*, op. cit., p. 64.
[51] OLIVA (Éric), Droit Constitutionnel, op. cit., p. 91.

B. La confusion des pouvoirs au profit de l'exécutif

La confusion des pouvoirs au profit de l'exécutif est un régime où la prédominance de l'exécutif sur le législatif est omniprésente. On parle de césarisme, un régime politique ordonné autour d'une seule personne, qui s'abandonne à sa volonté. Le terme est synonyme de despotisme ou d'autocratie, de présidentialisme, de dictature, de régime autoritaire, etc. La confusion des pouvoirs au profit de l'exécutif peut s'identifier aux régimes dictatoriaux. Il existe une variété de régimes dictatoriaux qui sont nés des situations très différentes (monarchie, fascisme, parti unique, force armée, le sous-développement...). Souvent, ces régimes font basculer le pouvoir des autorités civiles aux autorités militaires en cas de crise grave.

En ce qui concerne l'élaboration de la loi, « le Parlement devient une chambre d'enregistrement, en se contentant d'approuver les initiatives de l'exécutif ; dans le cas de la Grande-Bretagne, la chambre des communes ne contrôle plus l'action du Cabinet. Elle la soutient sans faille. La responsabilité de l'exécutif devant le législatif s'efface[52]. »

[52] DOLEZ (Bernard), *Institutions politiques*, éditions Litec, Paris, 1998, p. 71.

PARTIE II

LES INSTITUTIONS POLITIQUES SOUS LA PREMIÈRE, DEUXIÈME ET TROISIÈME RÉPUBLIQUE

CHAPITRE V

Les institutions politiques de la Première République au 30 juin 1960

Les institutions politiques de la Première République sont, dans l'ordre d'importance, établies par la Loi fondamentale du 19 mai 1960 élaborée par les constituants belges :

- les institutions centrales ;
- les institutions provinciales et locales.

Ici, la Loi fondamentale est une expression désignant officiellement la constitution ou l'ensemble des textes formant la constitution d'un pays.

SECTION 1. LES INSTITUTIONS POLITIQUES CENTRALES D'APRÈS LA LOI FONDAMENTALE DU 19 MAI 1960

La Loi fondamentale du 19 mai 1960 rompt avec la législation coloniale et la charte coloniale, elle crée un État de droit où les Congolais sont seuls aux commandes.

Il faut préciser que la Loi fondamentale du 19 mai 1960 est un don des intellectuels belges. Elle a été rédigée par les Belges. Selon la Loi fondamentale du 19 mai 1960, la nouvelle République était fédéraliste.

Les institutions centrales sont :

- le président de la République ;
- le gouvernement dirigé par un Premier ministre ;
- la Chambre des représentants ;
- le Sénat ;
- le commissaire d'État.

Il convient de souligner que la Chambre des représentants et le Sénat constituent le Parlement.

A. Le président de la République

D'après la Loi fondamentale du 19 mai 1960, le président de la République est la clef de voûte de la Première République. Il veille au respect de la constitution. Il est le garant de l'indépendance nationale, de l'intégrité du territoire... Dans cette optique, les constituants belges l'ont doté d'un statut renforcé et avec des attributions très élargies.

1. Le statut du président de la République

1.1. L'élection du président de la République

Selon la loi du 19 mai 1960, le président de la République est élu pour cinq ans à la majorité des deux tiers de tous les membres qui composent les deux chambres réunies, soit la Chambre des représentants et le Sénat.

Son élection s'effectue dans les quarante-huit heures qui suivent la désignation du président du Sénat et la constitution définitive de son bureau. La Chambre des représentants et le Sénat se réunissent en assemblée commune sous la présidence du plus âgé des présidents des chambres.

Les modalités étant déterminées, cette assemblée commune se prononce sur le choix du président de la République. Si aucune majorité n'est atteinte conformément à l'article 12 de la loi fondamentale, dans un délai de huit jours à dater de la réunion des chambres en assemblée commune, la fonction de président de la République est provisoirement assurée par le président du Sénat.

1.2. La responsabilité du président de la République

La responsabilité du président de la République ne peut pas être mise en cause. Cela est tout à fait vrai pendant la durée de son mandat. Sa personne est inviolable ; il n'est pas politiquement responsable de ses actions devant la Chambre des représentants et le Sénat. Seuls le Premier ministre et les ministres sont responsables devant le Parlement. En termes clairs, la responsabilité politique du gouvernement étant l'élément caractéristique d'un régime parlementaire dualiste, celui-ci est politiquement responsable devant le chef de l'État, mais surtout devant le Parlement.

2. Les attributions du président de la République

Selon l'article 21 de la constitution, le président de la République n'a d'autres pouvoirs que ceux qui lui attribuent formellement la présente loi. Il n'exerce ces pouvoirs et notamment ceux repris aux articles 16 et 22 à 32 que dans les conditions prévues aux articles 17, 19 et 20 contresignés par le Premier ministre et, le cas échéant, par les ministres responsables. Parmi les attributions du président de la République, il faut donc citer :

- nomme et révoque le Premier ministre et les ministres ;
- confère les grades dans les forces armées et la gendarmerie ;
- nomme aux emplois d'administration générale, sauf les exceptions établies par les lois, il ne nomme à d'autres emplois qu'en vertu de la disposition expresse d'une loi ;
- confère les ordres nationaux, civils et militaires ;
- a le droit de battre monnaie ;
- commande les forces armées de l'État ;
- sanctionne et promulgue les lois ;
- a le droit de remettre, de réduire ou de commuer les peines ;
- fait les règlements et ordonnances nécessaires pour l'exécution des lois, sans jamais pouvoir ni suspendre les lois elles-mêmes ni dispenser de leur exécution ;
- fait les traités, ces derniers n'ayant effet qu'après avoir reçu l'assentiment ou l'accord du Parlement sous forme de loi ;
- a le droit de convoquer la Chambre des représentants et le Sénat en session extraordinaire ;
- a le droit de dissoudre le Parlement, conformément aux articles 71 et 72 de la constitution.

3. La vacance du président de la République ou impossibilité d'exercer ses fonctions

En cas de vacance, le Premier ministre, après délibération en conseil des ministres, convoque le Parlement dans les plus brefs délais et, au plus tard, dans les trente jours. Il en est de même dans le cas d'une impossibilité d'assumer ses fonctions. Dans les deux cas, dès la convocation des chambres, le conseil des ministres assume les fonctions de président de la République.

La vacance ou cette impossibilité étant constatée, la Chambre des représentants et le Sénat réunis procèdent à la désignation d'un nouveau président de la République, à la majorité de deux tiers de tous les membres présents. Si aucune majorité ne se dégage, dans un délai de trente jours de la réunion des chambres en assemblée commune, la fonction du président de la République est momentanément assumée par le président du Sénat, conformément aux articles 13 et 33 de la constitution. Il ne prend fonction qu'après avoir prêté, devant la Chambre des représentants et le Sénat réunis et en présence du gouvernement, le serment : « Je jure d'observer les lois de la nation congolaise, de maintenir l'indépendance nationale et l'intégrité du territoire. »

B. Le gouvernement

Organe collégial qui réunit le Premier ministre et tous les ministres et secrétaires d'État, le gouvernement est l'organe le plus important de la loi fondamentale du 19 mai 1960. Il comprend au moins un membre de chaque province.

1. La nomination du Premier ministre

À l'aube de l'indépendance, la nomination du Premier ministre est l'affaire du roi. Après la proclamation officielle des résultats des élections pour la Chambre des représentants et le Sénat, le premier gouvernement est constitué de la manière suivante :

- se rapportant aux résultats des élections et après consultations des principaux groupes et personnalités politiques, le roi des Belges procède à la désignation d'un formateur dont la mission essentielle consiste à constituer une équipe ministérielle capable d'obtenir la confiance du Parlement ;
- sur la proposition du formateur, le roi des Belges nomme le Premier ministre et les ministres. Le formateur ne devient pas nécessairement Premier ministre. Il peut former une équipe gouvernementale qu'un autre dirigera. Mais il faut savoir que la Loi fondamentale offre au Congo un régime parlementaire classique. Le gouvernement est responsable devant le Parlement.

L'article 48 déclare que dans les trois jours de la nomination de ses membres, le premier gouvernement se présente devant le Parlement en vue d'obtenir leur confiance. Ici, la confiance est un assentiment au moyen duquel le gouvernement parlementaire agit, en harmonie, avec la volonté majoritaire des assemblées. Elle est acquise à la majorité absolue des voix de tous les membres qui le composent, conformément à l'article 42 de la loi fondamentale.

La tâche principale de ce premier gouvernement au 30 juin 1960 était de conclure avec le gouvernement belge un traité général d'amitié, d'assistance et de coopération.

Ce gouvernement devait négocier dans le cadre de ce traité, les conventions particulières à conclure entre le Congo et la Belgique portant sur les modalités de la coopération à intervenir, à partir du 30 juin entre ces deux États. Ce gouvernement était aussi celui habilité à conclure avec le gouvernement belge des unions à venir entre le Congo et le territoire du Ruanda-Urundi, notamment dans les domaines fiscal, monétaire, douanier, des postes, des télécommunications et de la radio.

2. Les prérogatives du Premier ministre et de son gouvernement

2.1. Le Premier ministre

- il conduit la politique de l'État en accord avec le conseil des ministres qu'il préside ;
- il dirige l'action du gouvernement ;
- il peut déléguer certains de ses pouvoirs aux ministres ;
- il soumet au président de la République les propositions relatives à l'exercice du pouvoir réglementaire et à l'exécution des lois ;
- sous la direction du Premier ministre, les ordonnances-lois sont élaborées en conseil des ministres et préalablement soumises à la chambre de constitutionnalité. Si elles ne sont pas approuvées par les chambres dans un délai de six mois à dater de leur mise en vigueur, elles deviennent caduques ;
- le gouvernement (Premier ministre, ministres et secrétaires) peut, pour l'exécution urgente de son programme, demander aux chambres l'autorisation, pour le président de la République, de prendre par ordonnances-lois et pour une matière déterminée des mesures qui sont normalement du domaine de la loi.

2.2. Les ministres

Qu'est-ce qu'un ministre ?

Le ministre est une personne nommée au gouvernement et placée à la tête d'un ensemble de services administratifs.

2.2.1. Les ministres sont investis d'une double fonction

- **la fonction politique** : en tant que membres du gouvernement, les ministres participent à la redéfinition de la politique de l'État, notamment en siégeant au conseil des ministres ;
- **la fonction administrative** : sous l'égide du Premier ministre, les ministres dirigent un département ministériel.

À titre indicatif, s'il n'y a pas de hiérarchie juridique entre les membres du gouvernement, différents rangs protocolaires existent néanmoins :

- **les ministres d'État** : quoique ministres de droit commun, ils ont un titre leur donnant préséance sur leurs collègues pour souligner l'importance particulière de leurs missions ou répondre à la volonté d'honorer certaines personnalités ;
- **les ministres de droit commun** : ils dirigent un département ministériel ;
- **les ministres délégués** : ils agissent par délégation d'un ministre qu'ils déchargent d'une partie de sa tâche. Ils ont autorité sur les services qui leurs sont confiés, contresignent les décrets qui les concernent et assistent au conseil des ministres ;
- **les secrétaires d'État** : ils reçoivent des instructions du ministre, mais n'ont pas d'autorité sur leurs services dont ils ont seulement la disposition. D'un rang inférieur aux ministres, ils ne participent au conseil des ministres que pour les affaires qui relèvent de leurs attributions ;
- **le cabinet** : composé de collaborateurs nommés discrétionnairement par le ministre, il assure le secrétariat des ministres, coordonne les services, prépare les dossiers sur lesquels le ministre aura à faire son étude et gère sa communication ;
- **les bureaux** : c'est l'ensemble des services et agents publics qui, placé sous l'autorité hiérarchique du ministre, forme l'administration centrale et permanente du ministère. Un

ministère comprend un nombre variable de bureaux. Ces bureaux sont composés de fonctionnaires de carrière, l'échelon le plus élevé étant celui de directeur général. Il est aussi important de différencier les termes suivants pour la bonne compréhension des institutions politiques : le conseil des ministres, le conseil de cabinet, les comités interministériels et les comités restreints ;

- **le conseil des ministres** incarne l'unité du pouvoir exécutif : il réunit tous les ministres et est présidé par le président de la République. Une réunion par semaine, plus des réunions extraordinaires sur la demande du président de la République. Les décisions qui y sont prises engagent tous les ministres ;
- **le conseil de cabinet** est une réunion des ministres sous la présidence d'un Premier ministre. C'est le cas de la République française, surtout en période de cohabitation ;
- **les comités interministériels** : regroupement autour du Premier ministre des ministres concernés par un même problème ;
- **les comités restreints** : regroupement, sous la présidence du président de la République, des ministres concernés par un même problème.

2.2.2. Ce qu'on reproche aux ministres dans l'exercice de leurs fonctions

Un ministre ne peut ni traiter une affaire ni prendre part à une délibération à laquelle lui ou un de ses parents ou alliés, jusqu'au quatrième degré inclusivement, ont un intérêt personnel direct.

Les ministres ne peuvent faire l'objet de poursuites répressives qu'après avoir été mis en accusation par l'une des deux chambres. La seule juridiction compétente en la matière est la Cour de justice siégeant au Congo. Celle-ci sera composée de trois conseillers de la Cour de cassation de Belgique désignés par son premier président, d'un membre du parquet général à la Cour de cassation désigné par son procureur général et d'un greffier désigné par le premier président. En ce qui concerne la condamnation d'un ministre par la Cour de justice, le président de la République ne peut faire grâce que sur l'accord de l'une ou l'autre chambre.

L'article 38 reconnaît que les ministres n'ont voix délibérative que dans la chambre dont ils sont membres. Ils ont leur entrée dans chacune des chambres et doivent être entendus quand ils le demandent. Les chambres peuvent requérir la présence des ministres.

3. Des rapports entre le gouvernement et le Parlement

Les différents points sur les rapports entre le gouvernement et le Parlement sont :

- sur la légalité du gouvernement, il doit se présenter devant chacune des chambres en vue d'obtenir la confiance. Celle-ci est acquise à la majorité absolue des voix de tous les membres qui les composent (art.42) ;
- la responsabilité solidaire du gouvernement est mise en cause par le dépôt d'une motion de défiance. Ici, la motion de défiance est une procédure liant le renversement d'un gouvernement à la désignation de son successeur. Une telle motion n'est recevable que si elle est signée par au moins un cinquième des membres de l'une ou de l'autre chambre. Le vote ne peut intervenir que quarante-huit heures après le dépôt de motion. Elle n'est adoptée que si elle recueille soit les deux tiers des voix des membres présents d'une des chambres, soit, dans chacune des chambres, la majorité absolue des voix de tous les membres qui la composent ;
- si elle est adoptée, les ministres remettent leur démission au Premier ministre qui la transmet ainsi que la sienne au président de la République (art. 44). Jusqu'à la formation d'un nouveau gouvernement, les affaires courantes sont traitées par le gouvernement démissionnaire ;
- la responsabilité individuelle d'un membre du gouvernement est mise en cause par le dépôt de motion de censure. La censure d'un membre du gouvernement entraîne sa démission, mais non pas celle du gouvernement.

C. La Chambre des représentants et le Sénat

1. Les attributions communes aux chambres

- la compétence législative des deux chambres est identique ;
- les lois sont interprétées par les deux chambres ;
- leurs séances sont publiques et peuvent être tenues à huis clos ;
- à chaque session, chacune des chambres nomme son président, ses vice-présidents et compose son bureau ;

- tout mandat impératif est nul. Le droit de vote des membres des chambres est personnel ;
- les chambres ont le droit d'amender et de diviser les articles et les amendements proposés ;
- chaque chambre a le droit de renvoyer aux ministres les pétitions qui lui sont adressées. Les ministres sont tenus de donner des explications sur leur contenu, chaque fois que la chambre l'exige ;
- chaque chambre peut requérir au sujet d'une question ou d'un projet de loi l'avis des conseils économiques et sociaux ;
- chaque chambre a le droit d'enquête, etc.

2. La Chambre des représentants

Les membres de la Chambre des représentants (137 au total) sont élus au suffrage universel direct, conformément aux dispositions de la loi électorale du 23 mars 1960. En ce qui concerne le suffrage universel, il faut retenir que le droit de vote est ouvert à tous les citoyens sans condition. En pratique, son accès a été restreint, car le droit de vote n'était pas accordé aux femmes. Le suffrage universel demeure exclu pour d'autres personnes n'ayant pas la majorité de 18 ans, déchues du droit de vote ou radiées des listes électorales.

Sont éligibles comme membres de la Chambre des représentants, les personnes :

- de statut congolais ou nées de mère congolaise ;
- âgées de 25 ans au moins ;
- ayant résidé au Congo pendant 5 ans au moins ;
- n'étant pas dans une des causes d'exclusion (condamnations graves, détentions, aliénation mentale, membres de la force publique, de la gendarmerie et de la police, etc.).

Dans une circonscription électorale, il y a un député par 100 000 habitants sans distinction d'âge, de sexe ou de nationalité ; chaque fraction supérieure à 50 000 donne droit à un député de plus. Chaque électeur n'a droit qu'à une voix.

Les membres de la Chambre des représentants représentent la nation et non la circonscription électorale qui les a élus. Son mandat prend fin la veille du jour de la réunion de l'Assemblée appelée à la remplacer.

3. Le Sénat

Nom de la seconde chambre du Parlement, le Sénat se compose de 84 sénateurs élus par les assemblées provinciales à raison de quatorze par province, dont au moins trois chefs coutumiers (= chefs de chefferies) ou notables (= chefs de groupements). Ensuite, les sénateurs élus peuvent s'adjoindre des membres cooptés (pour chaque province par les sénateurs représentant celle-ci ; l'élection se fait en séance plénière, au scrutin secret et au cours d'une opération unique, simultanée pour tous les sénateurs). Le vote se fait à un tour de scrutin. Le ou les candidats élus pour chaque province sont désignés dans l'ordre des voix obtenues. En cas de partage des voix, le plus âgé l'emporte. Le sénateur n'a droit qu'à une seule voix. Ceux-ci seront élus en nombre égal par province et sans que leur nombre total puisse excéder douze.

Ils sont élus selon la représentation proportionnelle des suffrages exprimés, conformément aux dispositions des articles 116, 117 et 118.

Les sénateurs cooptés n'ont voix délibérative que lorsque tous les sièges sont pourvus.

Le président du Sénat n'a pas voix délibérative. Sa désignation est pour une période d'un an à l'ouverture de la première session. Le mandat ne peut être reconduit qu'une seule fois et de l'assentiment des deux tiers des suffrages et des membres présents. Chaque province est successivement représentée à la présidence. Le membre élu est automatiquement remplacé par son suppléant. Il siège, de plein droit, avec une voix délibérative du membre élu président qu'il remplace.

Chaque membre du Sénat représente sa province. Il défend les intérêts dans le cadre de l'intérêt général et supérieur de la nation.

Leur mandat prend fin la veille du jour de la réunion de l'Assemblée appelée à remplacer le Sénat.

D. Le pouvoir judiciaire

Le pouvoir judiciaire a bel et bien sa place sous la Première République. Les contestations ayant trait aux droits civils, elles sont exclusivement du ressort des tribunaux. Toutes les autres contestations relèvent du ressort des tribunaux, sauf les exceptions établies par la loi. Hormis les tribunaux, les cours, surtout les cours d'appel, ont leur place dans le système judiciaire de l'État du Congo.

L'article 186 stipule que les audiences des tribunaux sont publiques, à moins que cette publicité ne soit dangereuse pour l'ordre ou les mœurs, auquel cas le tribunal le déclare par un jugement.

La loi fondamentale du 19 mai 1960 a prévu la séparation des pouvoirs. L'article 187 de la loi fondamentale du 19 mai 1960 déclare que le pouvoir exécutif ne peut, en aucun cas, empêcher, arrêter ou suspendre l'action des cours et tribunaux. Sauf pour des raisons graves de sûreté publique et sur l'avis du procureur général, le président de la République peut suspendre, dans une région et pour une certaine période, l'action répressive des cours et tribunaux et y substituer celles des juridictions militaires. Le droit au double degré de juridiction est autorisé.

Le commissaire d'État a le même pouvoir que le président de la République, mais il ne peut l'exercer qu'après avis du procureur d'État ou de l'officier du ministère délégué par le procureur d'État.

Il faut retenir que les arrêts et jugements sont exécutés au nom du président de la République. Avec l'inexistence de la Cour de cassation au Congo, c'est à la Cour de cassation de la Belgique que revient ce rôle. Elle connaît des pourvois formés contre :

- les décisions rendues en dernier ressort par les cours d'appel et les tribunaux de première instance du Congo en matière civile et commerciale ;
- les arrêts des cours d'appel mettant fin aux litiges en matière d'impôt personnel et d'impôt sur le revenu. La Cour de cassation de la Belgique ne connaît pas le fond des affaires.

La Cour de cassation de la Belgique demeure saisie des pourvois formés contre les décisions des cours et des tribunaux du Congo avant le 30 juin 1960.

Au 30 juin 1960, il y a au Congo des cours d'appel, des tribunaux de première instance, des tribunaux de district, des tribunaux de police et des tribunaux coutumiers (art. 191). Leur organisation et leur compétence sont réglées par la loi. En ce qui concerne **les tribunaux militaires**, leur organisation est réglée par des lois.

Selon l'article 192 de la loi fondamentale, **le statut des magistrats** est régi par la loi. Les magistrats du siège sont inamovibles dans le cadre de leur statut. Ils ne peuvent être déplacés que par une nomination nouvelle et leur consentement, ils ne peuvent être privés de leur place ou suspendus que par un jugement.

Qui nomme les juges de police et les magistrats de carrière ?

Les juges de police et les magistrats de carrière sont nommés par le président de la République sur une liste double de candidats proposés par l'assemblée provinciale (art. 193).

Les attributions du président de la République, en matière judiciaire, ne s'arrêtent pas là. L'article 194 de la loi fondamentale stipule que les conseillers des cours d'appel, les présidents des tribunaux de première instance, les juges des tribunaux de première instance, les juges présidents et les juges des tribunaux de district sont nommés par le président de la République sur une liste double des candidats présentés par les cours d'appel, en Assemblée générale.

En ce qui concerne **les premiers présidents et présidents des cours**, ils sont choisis dans leur sein.

Si le président de la République a le **pouvoir de nommer,** il a aussi **le pouvoir de suspendre et de révoquer les magistrats du parquet**.

L'application des ordonnances, édits- règlements, arrêtés et tous actes réglementaires des cours et tribunaux ne peut se faire que s'ils sont conformes aux lois et aux édits.

Dans l'exercice de sa fonction, **aucun juge ne peut accepter du gouvernement central ou du gouvernement des fonctions salariées,** sauf s'il les **accomplit à titre gratuit** et excepté les cas d'incompatibilité déterminés par la loi.

SECTION 2. LES INSTITUTIONS PROVINCIALES D'APRÈS LA LOI FONDAMENTALE DU 19 MAI 1960

Les institutions provinciales sont le gouvernement provincial, le législatif provincial et le commissaire d'État.

A. Le gouvernement provincial

Chaque province dispose d'un gouvernement élu par l'assemblée en son sein ou en dehors d'elle. Il est composé **d'un président** et de **cinq à dix membres** selon la décision de l'assemblée (art. 163).

L'élection du gouvernement provincial a lieu conformément à la procédure fixée aux articles 123 et 124 de la présente loi. Il est dit dans ces deux articles que le président provincial est élu à **la**

majorité absolue et l'élection des autres membres se fait à **un tour**. Les membres du gouvernement provincial doivent réunir les conditions d'éligibilité exigées des conseillers provinciaux. Selon les articles 166 et 167 de la loi fondamentale, ils sont élus pour une période correspondant à la législature provinciale et le gouvernement provincial peut être renouvelé après chaque renouvellement de l'assemblée.

À quel moment le mandat des membres du gouvernement provincial peut-il prendre fin ?

Le mandat du gouvernement provincial prend fin :

- en cas de démission ;
- en cas de décès ;
- en cas de perte d'une des conditions requises pour être élu ;
- lors de la motion de censure adoptée par l'assemblée, à la majorité des deux tiers de tous les membres qui la composent, et sur présentation de vingt conseillers au moins ;
- à la date de la notification de la réception de la démission par le président de l'assemblée.

Quelle est la procédure utilisée pour la démission d'un gouvernement provincial ?

La démission est donnée par écrit au président du gouvernement qui la transmet au président de l'assemblée. Le président du gouvernement provincial fait directement parvenir sa démission au président de l'assemblée.

Le membre du gouvernement démissionnaire ou ayant fait l'objet d'une motion de censure assure l'expédition des affaires courantes jusqu'à la désignation de son successeur.

En ce qui concerne **la démission, le décès ou la cessation des fonctions du président du gouvernement,** c'est à l'assemblée que revient le dernier mot. Elle pourvoit à son remplacement et procède à l'élection du successeur de celui-ci.

Pour ce qui est de leur traitement, les membres du gouvernement provincial bénéficient d'une indemnité, dont le montant est fixé par l'assemblée.

Quelles sont les attributions reconnues à la fois au président du gouvernement et aux membres du gouvernement provincial ?

L'article 165 de la loi fondamentale du 19 mai 1960 attribue au **président du gouvernement provincial les fonctions suivantes** :

- coordonne et contrôle l'activité de l'équipe gouvernementale ;
- détermine les attributions de chacun des membres du gouvernement ;
- promulgue et publie les édits provinciaux et édits-règlements ;
- assure la liaison avec l'assemblée d'une part, et avec le commissaire d'État d'autre part ;
- choisit les avocats de la province et les mandataires chargés de représenter devant les tribunaux ;
- les actions de la province sont exercées au nom du gouvernement provincial.

Les attributions **des membres du gouvernement provincial** se caractérisent ainsi :

- ils ont voix consultative à l'assemblée ;
- ils ont le droit d'y faire des propositions sur les objets en délibérations ;
- ils dirigent les affaires courantes de la province conformément aux dispositions légales et réglementaires ;
- ils délibèrent en collège ;
- chaque membre du gouvernement provincial assure seul et sous sa propre responsabilité, sauf décision contraire du gouvernement, l'exécution des décisions prises en collège et qui relèvent de ses attributions ;
- il saisit l'assemblée, dont il prépare l'ordre du jour, notamment de projets d'édits et de programmes ; par voie d'arrêtés, il assure notamment l'exécution des édits, des édits-règlements et des programmes adoptés par l'assemblée, ainsi que l'exécution des lois, ordonnances-lois et ordonnances dont il est chargé par le gouvernement central ;
- il dirige toute l'administration de la province sous haute surveillance de l'assemblée ;

- il assure la tutelle des villes, communes, territoires et circonscriptions dans le cadre de l'autonomie reconnue à ces entités ;
- il élabore mensuellement un avant-projet du budget qu'il soumet à l'assemblée ;
- il peut défendre en justice toute action intentée contre la province. Il peut intenter, sans délibération préalable de l'assemblée, les actions qui ont pour objet des biens meubles ainsi que les actions possessoires et faire tout type d'acte conservatoire.

Qu'est-ce qu'on reproche aux membres du gouvernement provincial et quelle est la juridiction compétence pour sanctionner leurs infractions ?

Aucun membre du gouvernement ne peut ni traiter une affaire ni prendre part à une délibération à laquelle lui ou un de ses parents ou alliés, jusqu'au quatrième degré inclusivement, a un intérêt personnel direct. Cette prohibition ne s'étend pas au-delà des parents ou alliés jusqu'au deuxième degré, lorsqu'il s'agit de la présentation de candidats, de nomination aux emplois, de révocations ou de suspensions.

En ce qui concerne **les infractions commises par les membres du gouvernement provincial,** elles relèvent directement des cours d'appel, et cela sans appel. Les membres du gouvernement sont mis en accusation par le procureur général qui charge de l'instruction un magistrat de son parquet.

B. Le législatif provincial

Des points suivants sont à développer : la constitution de l'assemblée, son fonctionnement et les attributions.

1. La constitution de l'assemblée

Chaque province du Congo dispose d'une assemblée. Elle comprend des membres élus soit au suffrage universel direct, soit au second degré, selon la formule retenue pour chaque province, et cela en se référant aux dispositions de la loi électorale du 23 mars 1960.

Il existe deux sortes de conseillers : les conseillers visés au 1° et les conseillers cooptés. Des membres cooptés sont élus par les conseillers provinciaux visés au 1°, parmi les chefs coutumiers et notables, conformément aux dispositions des articles 110, 111 et 112 de la présente loi.

2. Le fonctionnement de l'assemblée

2.1. Les conseillers provinciaux visés au 1° selon l'article 107

Ils sont au nombre de :

- 60 dans une province de moins de 2 millions d'habitants ;
- 70 dans une province de 2 millions à moins de 2,5 millions d'habitants ;
- 80 dans une province de 2,5 millions à moins de 3 millions d'habitants ;
- 90 dans une province de 3 millions habitants et plus.

2.2. Les conseillers cooptés

Le nombre de conseillers cooptés est, pour chaque assemblée, fixé avant la consultation de cette assemblée à 10 ou 15 % du nombre des conseillers visés au premier alinéa du présent article, toute fraction étant arrondie à l'unité supérieure. C'est sur la convocation du collège exécutif provincial que les assemblées se réunissent au chef-lieu de la province. Exceptionnellement, le collège exécutif provincial peut désigner une autre localité.

C'est sous la présidence d'un président provisoire désigné par le sort que les assemblées composées des membres visés au 1° de l'article 107 se réunissent pour procéder à l'élection des conseillers cooptés. L'élection se fait à un tour au scrutin secret, les deux tiers au moins des membres qui composent l'assemblée étant présents. Chaque conseiller n'a droit qu'à une voix.

3. Les attributions de l'assemblée

Les attributions de l'assemblée sont multiples :

- elle délibère sur toutes les affaires d'intérêt provincial ;
- elle légifère par voie d'édit et dispose par voie d'édit-règlement pour la mise en œuvre de la loi ;
- les édits dans les matières exclusivement attribuées à la compétence de la province ne peuvent être contraires ni à la loi fondamentale relative aux libertés publiques, ni à la constitution provinciale ;

- dans les autres matières, à l'exception de celles exclusivement attribuées au pouvoir central, l'assemblée peut prendre des édits pour autant que la loi ne règle pas complètement la matière ;
- les peines dont l'assemblée peut sanctionner ses édits-règlements ne peuvent dépasser six mois de servitude pénale et 6 000 francs d'amende ou l'une de ces peines seulement, sauf disposition contraire de la loi ;
- elle arrête les programmes d'intérêt provincial ;
- elle vote annuellement et en séance publique le budget des dépenses de la province pour l'exercice suivant et les moyens d'y faire face ;
- elle peut, au nom de la province, contracter des emprunts ;
- elle donne son avis sur toutes les questions que lui soumettent les organes du pouvoir central ;
- elle dénomme, crée, limite et supprime des circonscriptions administratives de la province ainsi que la fixation de leurs chefs-lieux ;
- elle élabore une constitution provinciale organisant la structure administrative et politique de chaque province dans un bref délai ;
- elle peut former dans son sein des commissions à l'effet de préparer l'examen du budget et des autres questions inscrites à l'ordre du jour. Les travaux des commissions ne sont pas publics.

Le président de l'assemblée assure par signature l'authenticité des actes de l'assemblée. Le président a la police de l'assemblée. L'avertissement étant donné, il peut expulser toute personne du public perturbant l'ordre ou qui donne des marques d'approbation ou d'improbation. Le président de l'assemblée peut exceptionnellement appeler en séance, pour consultation, les fonctionnaires et les représentants des administrations provinciales et établissements publics installés dans la province que l'assemblée ou lui-même désigne.

C. Le commissaire d'État

Il représente le **pouvoir central** dans **chaque province** du Congo. Il est, pour chaque province, **nommé par le président de la République**, de l'assentiment du Sénat et cela après **la**

consultation du président du gouvernement provincial ou, à son défaut, du **président de l'assemblée.** Il est aussi **révoqué** par le **président de la République.** Sa nomination a une durée de trois ans.

En ce qui concerne **les attributions du commissaire d'État,** on peut énumérer celles-ci :

- il a le droit d'assister aux délibérations de l'assemblée, il est entendu quand il le demande ;
- il dirige les services de l'État existant dans la province ;
- il assure la coordination entre les institutions provinciales et centrales ;
- il prend, en cas d'urgence dûment motivée et sous forme de règlement, les mesures d'exécution qu'impose à la province une loi, une ordonnance-loi ou une ordonnance, si deux rappels successifs adressés, selon le cas, au président de l'assemblée ou au président du gouvernement provincial, sont restés sans suite.

SECTION 3. LA RÉPARTITION DES COMPÉTENCES ENTRE LE POUVOIR CENTRAL ET LE POUVOIR PROVINCIAL

Il y a dans la répartition des compétences des matières qui sont exclusivement attribuées au pouvoir central et au pouvoir provincial.

A. Les compétences exclusives relevant du pouvoir central

Selon l'article 219 de la loi fondamentale du 19 mai 1960, les matières énumérées ci-après sont exclusivement attribuées au pouvoir central :

- 1. Les relations extérieures et les traités ;
- 2. Les forces armées ;
- 3. La gendarmerie, sous réserve de dispositions particulières, qui organisera l'assistance prêtée par ce corps au provincial ;
- 4. La sûreté de l'État ;
- 5. La législation sur la nationalité ;
- 6. L'immigration et l'émigration ;
- 7. Le droit pénal ;

- 8. L'établissement des règles relatives à l'organisation judiciaire et à la procédure ;
- 9. La nomination et le statut des magistrats ;
- 10. Les finances de l'État, conformément aux dispositions de la loi particulière qui organisera la répartition des domaines financiers respectifs de l'État et des provinces ;
- 11. La monnaie ;
- 12. La politique ;
- 13. Le service des poids et mesures ;
- 14. Les douanes ;
- 15. L'enseignement universitaire et supérieur ;
- 16. L'établissement des règles organisant l'équivalence des diplômes de l'enseignement primaire, moyen, technique et normal ;
- 17. L'établissement des règles tendant à assurer la qualité des membres du personnel enseignant ;
- 18. L'agréation des inspecteurs provinciaux chargés du contrôle pédagogique de l'enseignement primaire, moyen, technique et normal ;
- 19. La législation sur l'art de guérir ;
- 20. La politique scientifique ;
- 21. La politique générale de l'économie ;
- 22. Le code de commerce ;
- 23. Les règles générales relatives au régime foncier ;
- 24. Les règles générales relatives à l'octroi des concessions agricoles et forestières dans le domaine de l'État ;
- 25. Les règles générales relatives à l'exploitation du sous-sol ;
- 26. Les règles générales relatives à l'octroi des concessions minières décidées par les provinces ;
- 27. La coordination des sources d'énergie d'intérêt national, y compris l'équipement et les ressources hydro-électriques ;
- 28. Les services de la géologie, de la cartographie et de l'hydrographie ;
- 29. Les voies maritimes et fluviales, y compris les ports et les balisages ;
- 30. Les voies aériennes, y compris les aéroports et la protection aérienne ;
- 31. Les chemins de fer d'intérêt national ;
- 32. Les routes d'intérêt national ;

- 33. L'organisation générale du service postal, y compris l'émission des timbres ;
- 34. Les télécommunications et la radiodiffusion ;
- 35. Les travaux publics d'intérêt national ;
- 36. Le contrôle des institutions locales dans la mesure où elles sont chargées d'exécuter les tâches d'intérêt général, qui leur sont conférées directement par le pouvoir central et pour le compte de celui-ci, notamment en matière d'état civil.

B. Les compétences exclusives relevant du pouvoir provincial

L'article 220 de la loi fondamentale énumère exclusivement les matières attribuées au pouvoir provincial :

- 1. L'organisation des structures politiques de la province dans le cadre des principes généraux énoncés par la présente loi fondamentale ;
- 2. La police provinciale ;
- 3. La police judiciaire attachée aux parquets relevant de la province ;
- 4. Les propositions de nomination des magistrats aux échelons inférieurs de l'organisation judiciaire, dans les conditions fixées au titre III, chapitre V ;
- 5. Les propositions relatives à la désignation des entités administratives correspondant aux territoires actuels, à l'exception des villes, dans lesquelles des tribunaux de police seront présidés par un juge de carrière ;
- 6. Les finances de la province, conformément aux dispositions de la loi particulière qui organisera la répartition des domaines financiers respectifs de l'État et des provinces ;
- 7. L'enseignement primaire, secondaire, technique et normal ;
- 8. La désignation des inspecteurs provinciaux chargés du contrôle pédagogique de l'enseignement primaire, moyen, technique et normal, sous réserve de l'application de l'article 219, °18 ;
- 9. L'octroi et la surveillance des concessions agricoles ou forestières sur le domaine provincial ;
- 10. L'octroi des concessions minières, dans le cadre des règles générales visées à l'article 219, °26 ;

- 11. L'exploitation des sources d'énergie hydraulique destinées à satisfaire les besoins de la province ;
- 12. Les chemins de fer d'intérêt provincial ou local ;
- 13. Les routes d'intérêt provincial ou local ;
- 14. Les travaux publics d'intérêt provincial ;
- 15. Le contrôle des institutions locales sans préjudice à l'application de l'article 219, °36 ;
- 16. La détermination des peines qui sanctionnent l'exécution des édits.

SECTION 4. LES INCOMPATIBILITÉS À LA FOIS AU POUVOIR CENTRAL ET AU POUVOIR PROVINCIAL

A. La notion d'incompatibilité

PAUVERT (Bertrand, *Droit constitutionnel*, Levallois-Perret, 2004, p. 343) définit l'incompatibilité comme étant l'interdiction faite à une personne de cumuler la fonction à laquelle il a été élu avec d'autres activités ou fonctions. L'incompatibilité n'empêche pas une personne d'être élue, mais implique alors qu'elle choisisse l'une des fonctions.

En termes clairs, l'incompatibilité est une impossibilité légale de cumuler certaines fonctions publiques, certains mandats électifs, une fonction publique ou un mandat électif avec certaines occupations privées (ne pas confondre avec l'inéligibilité, situation de celui qui ne peut pas être élu).

B. Les différentes incompatibilités

D'après les articles 198, 199, 200, 201, 202 et 203, les incompatibilités reconnues au pouvoir central et aux pouvoirs provincial ou local sont les suivantes :

- on ne peut être à la fois membre de deux chambres ;
- le membre de l'une des deux chambres ou d'une assemblée provinciale nommé par le gouvernement central ou par le gouvernement provincial à toute fonction salariée autre que celle de ministre et qui l'accepte cesse immédiatement de siéger et ne reprend ses fonctions qu'en vertu d'une nouvelle élection ;

- les fonctions de membre du gouvernement central sont incompatibles avec celles de membre du gouvernement provincial ;
- les fonctions de sénateur ou député sont incompatibles avec celles de membre du gouvernement provincial ou de l'assemblée provinciale ;
- les fonctions de membre du gouvernement provincial sont frappées d'interdiction avec celles de membre de l'assemblée provinciale ;
- la fonction de commissaire d'État est incompatible avec toute autre fonction, qu'elle soit publique ou privée, rémunérée ou gratuite ;
- la fonction de membre du gouvernement central ou du gouvernement provincial est incompatible avec un mandat d'administrateur ou de commissaire dans une société bénéficiant d'une concession du gouvernement congolais ou dans laquelle il possède une participation ;
- il y a incompatibilité entre l'exercice d'un métier de la fonction publique (certains organes juridictionnels ou consultatifs, les magistrats de carrière, les agents des administrations publiques et les membres de la force publique, de la gendarmerie et de la police) et l'exercice d'une fonction de ministre, membre du gouvernement provincial ou commissaire d'État ;

Au niveau local :
- les fonctions de premier bourgmestre, de membre du conseil communal ou de membre du conseil de ville, d'une part, et celles de membre du gouvernement central ou provincial, d'autre part ;
- les fonctions de premier bourgmestre ou de bourgmestre, d'une part, et celles de membre de l'assemblée provinciale, d'autre part.

CHAPITRE VI

Les institutions politiques sous la Deuxième République (24 juin 1967)

Le coup d'État du 24 novembre 1965 va porter un coup dur aux institutions de la Première République.

Le 24 juin 1967, une nouvelle constitution voit le jour avec une organisation des institutions politiques. Ce n'est plus le fédéralisme, mais c'est un État unitaire qui va prendre naissance.

Les principales institutions de la République sont :

- le président de la République, chef du gouvernement ;
- le Parlement ;
- le gouvernement ;
- la Cour constitutionnelle ;
- les cours et tribunaux.

SECTION 1. LE POUVOIR EXÉCUTIF

Il appartient au président de la République, au gouvernement et se trouve dans les rapports entre le président de la République et les membres du gouvernement.

A. Le président de la République

1. Son élection

Le président de la République est élu pour 7 ans au suffrage universel direct.

Pour être candidat, il faut être de nationalité congolaise, être âgé de 40 ans révolus et remplir les modalités d'éligibilité à l'Assemblée nationale.

L'élection a lieu à la majorité absolue des suffrages exprimés. Au deuxième tour, seuls restent en compétition les deux candidats ayant recueilli le plus grand nombre de voix au premier tour.

2. En cas de vacance par décès, démission ou empêchement

En cas de vacance de la présidence par décès, démission ou quelque cause que ce soit, ou d'empêchement constaté par la Cour constitutionnelle saisie par le gouvernement, les fonctions du président de la République sont provisoirement exercées par le président de l'Assemblée nationale.

En cas de vacance ou lorsque l'empêchement est déclaré définitif par la Cour constitutionnelle, l'élection du nouveau président de la République a lieu sur convocation du président de l'Assemblée nationale soixante jours au moins et quatre-vingt-dix jours au plus après l'ouverture de la vacance ou de la déclaration du caractère définitif de l'empêchement.

3. Les attributions du président de la République

Le président de la République a pour attributions :

- en sa qualité de l'exécutif, il représente l'État ;
- il détermine et conduit la politique de la nation ;
- il fixe le programme d'action du gouvernement, veille à son application et informe l'Assemblée nationale de son évolution ;
- il dirige et contrôle la politique étrangère de la République ;
- il négocie et ratifie les traités et accords internationaux ;
- il accrédite les ambassadeurs et les envoyés extraordinaires auprès des puissances étrangères ; les ambassadeurs et les envoyés extraordinaires sont accrédités auprès de lui ;
- il communique avec l'Assemblée nationale soit directement soit par des messages qui ne donnent lieu à aucun débat. Il prononce au moins une fois par an, devant l'Assemblée nationale, un discours dans lequel il expose la politique du gouvernement ;
- il promulgue des lois dans les conditions fixées par l'article 51 stipulant que les lois entrent en vigueur trente jours après leur publication au journal officiel ;
- il assure l'exécution des lois et fait des règlements de police et d'organisation interne de l'administration. Il exerce ce pouvoir par voie d'ordonnance ;

- il peut, après en avoir informé l'Assemblée nationale par un message et après avoir pris l'avis du bureau de celle-ci, soumettre au référendum tout texte qui lui paraît devoir exiger la consultation directe du peuple ;
- il nomme et révoque les membres du gouvernement, il détermine leurs attributions respectives ;
- il fixe souverainement les conditions dans lesquelles l'action du gouvernement sera coordonnée ; avant d'entrer en fonction, les membres du gouvernement prêtent serment devant lui ;
- il nomme et révoque les gouverneurs des provinces ;
- il nomme les magistrats du siège et il les révoque sur avis du conseil supérieur de la magistrature ;
- il nomme et révoque les magistrats du parquet ;
- en sa qualité du chef suprême des forces armées et de la police, il nomme et révoque les officiers et les hauts fonctionnaires de l'administration ;
- il reçoit le serment des membres du gouvernement, des gouverneurs des provinces, des conseillers à la Cour constitutionnelle, à la Cour suprême de justice et des officiers des forces armées et de la police ;
- il peut remettre, commuer et réduire les peines ;
- il confère, conformément à la loi, les grades dans les ordres nationaux et les décorations de la République ;
- il a le droit de battre la monnaie et d'émettre du papier monnaie en exécution de la loi.

B. Le gouvernement

D'après l'article 31 de la constitution du 24 juin 1967, les ministres sont les chefs de leurs départements. Ils appliquent chacun dans leur département le programme fixé et les décisions prises par le président de la République. Dans l'exercice de leur fonction, ils répondent de leurs actes devant le président de la République.

L'article 43 de la constitution déclare que les membres du gouvernement ont le droit et, s'ils en ont requis, l'obligation d'assister aux séances de l'Assemblée nationale. Ils doivent être entendus à chaque fois qu'ils le demandent.

Quels sont les moyens de contrôle du Parlement sur le gouvernement ?

Les moyens de contrôle du Parlement sur le gouvernement sont : la question orale ou écrite, l'interpellation, l'audition par les commissions, la commission d'enquête, l'avertissement ou la remontrance.

Comment le gouvernement peut-il être réputé démissionnaire ?

Le gouvernement est réputé démissionnaire à chaque fois que les fonctions du président de la République prennent fin. Toutefois, dans le cas où le gouvernement serait démissionnaire, il expédie les affaires courantes jusqu'à la formation d'un nouveau gouvernement.

C. Les responsabilités communes au président de la République et aux membres du gouvernement

Les articles 34 et 35 de la constitution du 24 juin 1967 définissent les responsabilités communes au président de la République et aux membres du gouvernement.

Le président de la République n'est pénalement responsable de ses actes accomplis dans l'exercice de ses fonctions qu'en cas de haute trahison ou de violation intentionnelle de la constitution du 24 juin 1967. Par ailleurs, il ne peut être poursuivi pour aucune autre infraction aux lois pénales commise en dehors de ses fonctions que s'il a été mis en accusation par l'Assemblée nationale se prononçant à la majorité des deux tiers de ses membres et au scrutin public.

Il est alors traduit en justice devant la Cour constitutionnelle. Lorsqu'il est condamné pour haute trahison ou pour violation intentionnelle de la constitution du 24 juin 1967, ou s'il est frappé d'une condamnation qui entraîne au terme de la loi électorale la privation du droit d'être élu député, la Cour constitutionnelle prononce sa destitution.

Une loi définit le crime de haute trahison, détermine les peines applicables aux crimes de haute trahison et la violation intentionnelle de la constitution et la procédure à suivre devant la Cour constitutionnelle.

En ce qui concerne les membres du gouvernement, ils sont pénalement responsables des actes accomplis dans l'exercice de leurs fonctions dans les cas prévus par les lois pénales.

Ils ne peuvent être poursuivis pour les différentes infractions et les infractions aux lois pénales commises en dehors de leurs fonctions que s'ils ont été mis en accusation par le président de la République.

À cet effet, ils comparaissent alors devant la Cour suprême de justice. Lorsqu'ils sont inculpés au terme de la loi électorale, la privation du droit d'être élu député, le président de la République prononce leur destitution.

SECTION 2. LE PARLEMENT

Le Parlement est monocaméral.

A. La composition et le fonctionnement du Parlement

Le Parlement est constitué d'une chambre unique, elle est appelée l'Assemblée nationale. Les députés à l'Assemblée nationale représentent la nation.

Comment sont-ils élus ?

Les députés sont élus au suffrage universel direct et secret, à raison d'un député pour 50 000 habitants ; chaque fraction de la population égale ou supérieure à 25 000 donne droit à un député de plus.

La durée de la législature est de cinq ans.

Les pouvoirs de l'Assemblée nationale expirent le 15 juin de la cinquième année qui suit son élection.

L'élection de la nouvelle Assemblée nationale a lieu soixante jours au moins et quatre-vingt-dix jours au plus avant la fin de la législature.

Pour être électeur, les modalités suivantes sont à remplir : être Congolais, être âgé de 18 ans révolus et ne pas se trouver dans un des cas d'exclusion prévus par la loi électorale.

Pour être éligible à l'Assemblée nationale, il faut être Congolais, être âgé de 25 ans et ne pas se trouver dans un des cas d'exclusion prévus par la loi électorale.

Il convient de préciser qu'aucun candidat ne peut appartenir à un autre parti politique, hormis le parti unique. L'appartenance à un autre parti politique entraîne d'office la perte du mandat d'un député à l'Assemblée nationale et il y est remplacé par son suppléant.

Le mandat parlementaire prend fin par la mort, la démission, l'incapacité permanente, l'absence non motivée et non autorisée à plus d'un quart des séances d'une session ordinaire ou lorsque le parlementaire tombe dans un des cas d'exclusion prévus par la loi électorale.

Comment l'Assemblée nationale se réunit-elle ?

Elle se réunit en session ordinaire deux fois par an :

- la première session s'ouvre le premier lundi d'avril et prend fin le premier lundi de juillet si l'ordre du jour n'est pas épuisé plus tôt ;
- la deuxième session s'ouvre le premier lundi d'octobre et prend fin le premier lundi de janvier si l'ordre du jour n'est pas épuisé plus tôt.

En session extraordinaire, l'Assemblée nationale est convoquée par le président de la République ou, à la demande d'un tiers de ses membres, par le président de l'Assemblée.

Comment les décisions de l'Assemblée nationale sont-elles prises ?

L'Assemblée nationale ne prend ses décisions qu'autant que la majorité absolue de ses membres se trouve réunie. Toute décision est prise à la majorité absolue des suffrages.

Quelles sont les attributions reconnues à l'Assemblée nationale ?

- elle vote les projets de loi budgétaire ;
- elle peut à tout moment, par une loi, modifier ou retirer le pouvoir ainsi délégué au président de la République ;
- elle peut autoriser la déclaration de guerre ;
- elle adopte le projet de révision de la constitution à la majorité des deux tiers de ses membres.

Peut-on poursuivre un membre de l'Assemblée nationale ?

L'article 55 de la constitution déclare qu'aucun membre de l'Assemblée nationale ne peut être poursuivi, arrêté, détenu ou jugé en raison des opinions ou votes émis par lui dans l'exercice de ses fonctions.

Aucun membre de l'Assemblée nationale ne peut, pendant la durée d'une session, être poursuivi ou arrêté en matière répressive, hormis avec l'autorisation de l'Assemblée nationale, en cas de flagrant délit.

La détention d'un membre de l'Assemblée nationale ou les poursuites contre un membre de l'Assemblée nationale sont suspendues si celle-ci le requiert, mais cette suspension ne peut dépasser la durée de la session en cours.

Aucun membre de l'Assemblée nationale ne peut être arrêté sans autorisation du bureau de l'Assemblée nationale, hormis en cas de flagrant délit ou d'attentat contre la vie ou l'intégrité corporelle, de corruption ou encore s'il s'agit de poursuites autorisées ou de l'exécution d'une condamnation.

B. L'élaboration de la loi

L'initiative des lois appartient concurremment au président de la République et à chacun des membres de l'Assemblée nationale.

Le droit d'amendement au cours de toute procédure législative appartient aux membres de l'Assemblée et à ceux du gouvernement.

SECTION 3. LES COURS ET LES TRIBUNAUX

Les cours et tribunaux appliquent la loi et la coutume pour autant que celle-ci soit conforme aux lois et à l'ordre public de l'État.

Les cours et tribunaux n'appliquent les actes des autorités administratives que pour autant qu'ils soient conformes aux lois.

L'ensemble des cours et tribunaux comprend une Cour suprême de justice, des cours d'appel, des cours militaires et des tribunaux.

A. La Cour suprême de justice

Elle se scinde en deux sections : la section judiciaire et la section administrative.

1. La section judiciaire

Elle a pour compétences notamment :

- pour connaître des pourvois en cassation, formés pour violation de la loi et de la coutume, contre les décisions rendues en dernier ressort par la section judiciaire des cours d'appel et par les tribunaux. Elle ne connaît pas le fond des affaires ;
- pour juger les membres du gouvernement, pénalement responsables des actes accomplis dans l'exercice de leurs fonctions dans les cas prévus par les lois pénales.

2. La section administrative

Elle est saisie notamment :

- pour connaître en premier et dernier ressort des recours en annulation pour violation de la loi, formés contre les actes, règlements et décisions des autorités centrales ;
- pour connaître de l'appel des décisions rendues par les sections administratives des cours d'appel sur les recours en annulation pour violation de la loi, formés contre les actes, règlements et décisions des autorités administratives provinciales et locales ;
- pour connaître, dans les cas où il n'existe pas d'autres juridictions compétentes, de demandes d'indemnités relatives à la réparation d'un dommage exceptionnel matériel ou moral résultant d'une mesure prise ou ordonnée par les autorités de la République. Elle se prononce en équité en tenant compte de toutes les circonstances d'intérêt public ou privé.

D'une manière générale, la compétence de la Cour suprême de justice s'exerce sur toute l'étendue du territoire de la République. Elle siège toutes sections réunies dans les cas prévus par la loi.

Il est à noter que malgré la présence de la Cour constitutionnelle dans la constitution du 24 juin 1967, elle n'a jamais vu le jour. Les attributions reconnues à la Cour constitutionnelle ont été exercées par la Cour suprême de justice.

B. Les cours et tribunaux

Les cours et tribunaux inférieurs sont tenus de se conformer aux arrêts de la Cour suprême de justice.

Comme la Cour suprême de justice, les cours d'appel comportent deux sections : une section judiciaire et une section administrative.

Pour ne parler que de la section administrative, elle est compétente pour connaître en premier ressort des recours en annulation pour violation de la loi, formés contre les actes, règlements et les décisions des autorités administratives provinciales et locales.

Elles siègent toutes sections réunies dans le cas prévu par la loi.

CHAPITRE VII

Les institutions politiques sous la Deuxième République après la révision de la constitution par la loi du 23 décembre 1970

Les institutions politiques sont, par ordre d'importance, et établies par la constitution révisée par la loi du 23 décembre 1970 :

- le Mouvement populaire de la révolution ;
- le président de la République assisté des ministres ;
- l'Assemblée nationale.

Étant donné que les fonctions étatiques ne sont pas directement exercées par le Mouvement populaire de la révolution, il est important de développer des institutions chargées de la fonction exécutive et de la fonction législative, c'est-à-dire le président de la République et l'Assemblée nationale.

SECTION 1. LE PRÉSIDENT DE LA RÉPUBLIQUE

A. Son élection

D'après la loi du 23 décembre 1970 révisant certains articles de la constitution du 24 juin 1967, le président de la République est toujours élu pour 7 ans au suffrage universel direct. Les conditions de son élection sont fixées par l'ordonnance- loi n°70-027 du 17 avril 1970.

Un seul candidat est soumis aux suffrages des électeurs, celui présenté par les organes supérieurs du Mouvement populaire de la révolution.

Pour être candidat, il faut être Congolais ou Zaïrois de naissance, être âgé de 40 ans révolus et ne pas se trouver dans un des cas d'inéligibilité à l'Assemblée nationale. Son élection est acquise à la majorité absolue des suffrages exprimés.

À cet effet, la première élection est organisée en 1970. Le président Mobutu est élu le 1er novembre 1970.

B. Ses attributions

Revêtant à la fois les fonctions de président de la République et de chef du gouvernement, il exerce la plénitude des pouvoirs de l'exécutif.

Si l'on se rapporte à la constitution du 24 juin 1967 révisée par la loi du 23 décembre 1970, le président de la République exerce notamment les attributions suivantes :

- il détermine et conduit la politique de la nation. C'est un pouvoir général qui permet de fixer les objectifs de la vie nationale et de diriger l'exécution du programme établi par lui ;
- il dispose du pouvoir réglementaire, c'est-à-dire du pouvoir de régler, par ordonnances, toutes les matières qui ne rentrent pas dans le domaine de la loi ;
- il assure l'exécution des lois ;
- il est le chef suprême de l'administration nationale, des forces armées et de la police. À ce titre, il nomme et révoque les ministres, les fonctionnaires et les officiers de l'armée et de la police ;
- il représente l'État à l'intérieur et à l'extérieur. Il préside les cérémonies nationales. Il dirige et contrôle la politique étrangère, nomme les ambassadeurs à l'étranger et accrédite les ambassadeurs étrangers au pays, négocie et ratifie les traités et accords internationaux, déclare la guerre ; il ne peut ratifier certains traités ou accords ni déclarer la guerre que s'il y a été préalablement autorisé par l'Assemblée nationale ;
- il peut déposer des projets de loi sur le bureau de l'Assemblée nationale (droit d'initiative) et déclarer que ces projets sont urgents, auquel cas l'Assemblée doit les examiner en priorité ; il peut adresser des messages à l'Assemblée et la convoquer en session extraordinaire ;
- il dispose d'un droit de veto suspensif à l'égard des lois votées par l'Assemblée nationale ;
- il peut soumettre au référendum des projets de loi portant sur tout objet, y compris la révision de la Constitution ;

- il promulgue les lois adoptées par l'Assemblée ou par le peuple ;
- il nomme et révoque les magistrats, exerce le droit de grâce ;
- il peut, dans des circonstances particulièrement graves déclarer l'état d'urgence et prendre toutes les mesures qu'exigent les circonstances, notamment suspendre l'action répressive des cours et tribunaux de droit commun pour y substituer celle des tribunaux militaires ;
- il peut, en cas de guerre, déclarer l'état de siège et prendre certaines mesures ;
- il peut, lorsqu'il y a été habilité par une loi, prendre par ordonnances-lois, pendant la durée fixée par la loi d'habilitation, des mesures qui sont du domaine de la loi.

C. Les collaborateurs

Dans l'exercice de ses fonctions, le président de la République est assisté de ministres et d'un bureau.

Les ministres sont nommés et révoqués librement par le président, sans intervention de l'Assemblée nationale. Ils sont individuellement chargés de diriger une branche de l'administration nationale désignée sous le nom de département ministériel. Certains d'entre eux, ceux qui sont placés à la tête d'un département important, sont secondés par un ou plusieurs vice-ministres. Chacun dans son département, les ministres appliquent le programme fixé et les décisions prises par le président de la République.

Ils ne forment pas ensemble un organe collégial doté d'un pouvoir de décision. Le président de la République peut les réunir, et il les réunit effectivement, pour recueillir leur avis, mais il n'est pas tenu de suivre leur opinion, et c'est lui qui décide.

Les ministres ont accès à l'Assemblée nationale. Ils doivent même assister à ses séances lorsqu'ils en sont requis par elle.

Quant au bureau du président de la République, il comprend un collège de conseillers et un service de protocole. Il est dirigé par un directeur assisté d'un directeur adjoint. Le collège des conseillers a dans ses attributions l'étude de toutes questions entrant dans le domaine de l'activité gouvernementale. Outre les tâches courantes d'assurer le secrétariat du président de la République, de conserver les originaux des textes légaux signés par le président de la République et d'étudier toutes les questions qui lui sont soumises par le président de la République, etc., le bureau est chargé de préparer les décisions à prendre par le président de la République en matière de gestion du portefeuille et de la planification.

Enfin, le service protocolaire s'occupe des questions relatives aux cérémonies et aux réceptions officielles organisées par la présidence de la République.

SECTION 2. L'ASSEMBLÉE NATIONALE

Après l'ordonnance-loi du 23 décembre 1970 révisant la constitution du 24 juin 1967, quels sont l'organisation, les attributions, le fonctionnement et le statut des députés ?

A. L'organisation

L'Assemblée nationale est constituée de députés élus au suffrage universel direct et au scrutin secret.

La durée de mandat est de cinq ans.

Le nombre de députés à élire par chaque circonscription électorale (la ville de Kinshasa, chaque district et chaque ville de province forment une circonscription électorale) est de un pour 50 000 habitants, toute fraction supplémentaire de la population égale ou supérieure à 25 000 donnant droit à un député de plus.

Les conditions requises pour être électeur sont les suivantes : il faut être Congolais, de sexe masculin ou féminin, âgé de 18 ans révolus à la date de la clôture définitive des rôles électoraux et n'étant frappé d'aucun des cas d'exclusion prévus par l'ordonnance-loi :

- les membres de l'armée et de la police nationale ne participent pas aux votes ;
- ne peuvent participer aux votes les personnes qui, même figurant sur les rôles électoraux, sont au jour des élections : soit détenues, soit internées ou hospitalisées pour cause d'aliénation mentale, soit résidant à l'étranger.

Pour être éligible à l'Assemblée nationale, il faut être Congolais ou Zaïrois, de sexe masculin ou féminin, avoir 25 ans révolus et ne se trouver dans un des cas d'inéligibilité prévus par la loi.

L'élection a lieu au scrutin de liste, mais il ne peut y avoir qu'une liste par circonscription électorale. Les candidats se présentent aux élections sur des listes établies sous l'égide du parti national. La liste comporte autant de noms qu'il y a de sièges à pourvoir, plus un tiers. La liste est adoptée à la majorité des suffrages exprimés. Les candidats classés en ordre utile sur la liste sont élus députés. Ceux qui viennent en surnombre sont élus suppléants ; ils sont appelés, dans l'ordre alphabétique, à remplacer les titulaires dont le siège devient vacant.

B. Les attributions reconnues à l'Assemblée nationale

Elles sont d'abord d'ordre législatif. L'Assemblée nationale vote la loi dans les matières réservées à celle-ci par la Constitution. L'initiative des lois appartient à chaque député, concurremment avec le président de la République.

En matière financière, l'Assemblée nationale examine et vote le budget. Les députés ont l'initiative des dépenses et des recettes lors de la discussion du budget, mais toute proportion tendant à augmenter les dépenses doit prévoir les voies et moyens nécessaires et toute proposition tendant à restreindre les recettes doit prévoir une diminution de dépenses correspondante. Dans le cas où l'Assemblée nationale n'aurait pas voté le budget, avant le début de l'année pendant laquelle il doit être exécuté, le président de la République peut le mettre en vigueur par ordonnance-loi.

En matière diplomatique, l'Assemblée nationale autorise la ratification de la plupart des traités et accords internationaux. La guerre ne peut être déclarée sans son autorisation.

En matière judiciaire, l'Assemblée nationale accorde l'amnistie.

C. Le fonctionnement

L'Assemblée nationale se réunit en session ordinaire deux fois par an. La première session s'ouvre le premier lundi d'avril et prend fin le premier lundi de juillet ; la seconde s'ouvre le premier lundi d'octobre et prend fin le premier lundi de janvier.

L'Assemblée nationale se réunit en session extraordinaire sur convocation du président de la République ou sur celle du président de l'Assemblée nationale agissant à la demande d'un tiers au moins de ses membres. À chaque séance, à l'ouverture de la session d'avril, l'Assemblée nationale élit son bureau qui comprend un président, deux vice-présidents et quatre secrétaires. Le bureau est une autorité collective chargée de l'organisation matérielle de l'Assemblée et de la direction de ses travaux. L'Assemblée nationale ne peut discuter sur les questions inscrites à l'ordre du jour que si le tiers au moins de ses membres est présent, sauf au cas où une majorité spéciale, calculée sur le nombre des membres qui la composent, est requise, elle vote valablement si la majorité absolue de ses membres est présente et ses résolutions sont prises à la majorité absolue des suffrages. Ces règles constitutionnelles de fonctionnement sont complétées par un règlement d'ordre intérieur fixé par l'Assemblée elle-même.

D. Le statut des députés

Les députés jouissent de deux privilèges généralement octroyés aux parlementaires pour leur permettre de remplir sereinement leur mandat en toute indépendance d'esprit, à savoir : l'irresponsabilité et l'inviolabilité.

1. L'irresponsabilité

L'irresponsabilité protège le député contre toute action judiciaire qui pourrait lui être intentée dans l'exercice de ses fonctions, c'est-à-dire c'est une immunité en vertu de laquelle le parlementaire est définitivement soustrait à toute action judiciaire exercée à l'occasion des opinions ou des votes émis dans l'exercice de ses fonctions.

2. L'inviolabilité

L'inviolabilité le protège contre les poursuites judiciaires intentées contre lui pour les actes accomplis en dehors de l'exercice de ses fonctions. Autrement dit, l'inviolabilité est une garantie constitutionnelle qui subordonne l'arrestation ou le contrôle judiciaire d'un membre du Parlement à l'autorisation du bureau de l'Assemblée à laquelle il appartient.

E. L'incompatibilité et la vacance

Le mandat d'un membre de l'Assemblée nationale est incompatible avec :

- le mandat du président de la République ;
- les fonctions de conseiller à la Cour constitutionnelle ;
- les fonctions de conseiller à la Cour des comptes ;

- les fonctions de magistrat ;
- les fonctions de gouverneur de province, commissaire provincial, gouverneur urbain, commissaire urbain ;
- les fonctions d'agent des administrations publiques ;
- tout autre mandat public électif ;
- le mandat de membre nommé d'une collectivité locale.

L'élu qui fait l'objet de l'une des incompatibilités doit opter, dans les huit jours de la notification de son élection, entre son mandat et les autres fonctions qu'il exerce.

En ce qui concerne la cessation du mandat d'un membre de l'Assemblée nationale, celui-ci prend fin par :

- la fin de la législature ;
- le décès ;
- la démission acceptée par l'Assemblée nationale ;
- l'incapacité physique permanente ;
- l'absence non motivée et non autorisée à plus d'un quart du nombre total des séances d'une session ordinaire ;
- la perte de la nationalité congolaise ;
- l'acquisition d'une des qualités incompatibles avec le mandat de membre de l'Assemblée nationale ;
- la survenance d'une des causes d'inéligibilité prévues par l'ordonnance-loi du 23 décembre 1970 ;
- la perte de la qualité de membre du parti.

CHAPITRE VIII

Les institutions politiques d'après la loi n°74-020 du 15 août 1974 portant révision de la constitution du 24 juin 1967

L'institutionnalisation du Mouvement populaire de la révolution comme parti unique et institution de la République est organisée par la loi du 23 décembre 1970. De nombreuses lois vont se succéder. Les lois du 29 octobre 1971 et du 5 janvier 1972 vont introduire de nouvelles innovations, telles que le changement du Congo au Zaïre en application de la politique d'authenticité définie par le général Mobutu. Le 19 juillet 1972, les institutions gouvernementales sont intégrées dans celles du Mouvement populaire de la révolution et porteront de nouvelles dénominations.

La nouvelle constitution examinée par le bureau politique du M.P.R. et approuvée par le conseil législatif national (l'Assemblée nationale) est promulguée le 15 août 1974.

La nouvelle constitution apporte une nouvelle innovation dont la plus importante : « En République du Zaïre, il n'existe qu'une seule institution, le Mouvement populaire de la révolution qu'incarne son président. »

Le Mouvement populaire de la révolution est confondu avec la nation. C'est ainsi que le préambule de la nouvelle constitution commence par la formule : « Nous, peuple zaïrois, réuni au sein du Mouvement populaire de la révolution… ». L'article 8 de la nouvelle constitution stipule que « tout Zaïrois est membre du Mouvement populaire de la révolution » et l'article 28 déclare que « le Mouvement populaire de la révolution est la nation zaïroise organisée politiquement ».

La nation est la représentation transcendantale d'un groupe d'individus partageant un passé et une vision commune de l'avenir, conscients de cette identité, et manifestant la volonté de vivre ensemble (approche subjective française). Selon la conception objective d'inspiration germanique, la nation comprend des éléments objectifs : langue, religion, race, culture...

Cette conception de la nation est celle du Troisième Reich. Elle s'appuie sur les travaux pseudo-scientifiques de deux Français : GOBINEAU (*Essai sur l'inégalité des races humaines*, 1853) et Vacher de LAPOUGE, selon lesquels il existerait une hiérarchie entre les races [...], la race aryenne est bien sûr la race allemande, censée être pure depuis la préhistoire. Elle préconise l'élimination systématique de la race « inférieure », la race juive : c'est la Shoah.

La nation préconisée par le président MOBUTU est celle à la française. C'est-à-dire cette volonté de vivre ensemble.

On remarque l'existence d'une confusion des institutions de l'État et de celles du Mouvement populaire de la révolution.

Si la constitution promulguée le 15 août 1974 considère le M.P.R. comme la seule institution de la République, toutes les anciennes institutions sont devenues des organes du Mouvement populaire de la révolution sous sa responsabilité, la direction et la présidence du président du Mouvement populaire de la révolution. Le président du Mouvement populaire de la révolution a donc la plénitude du pouvoir.

Quant aux organes du Mouvement populaire de la révolution, leur nombre a été fixé à cinq, à savoir :

- le bureau politique ;
- le Congrès ;
- le conseil législatif ;
- le conseil exécutif ;
- le conseil judiciaire.

Avant d'entrer dans le vif du sujet, il est important d'examiner le rôle du président du Mouvement populaire de la révolution.

SECTION 1. LE PRÉSIDENT DU MOUVEMENT POPULAIRE DE LA RÉVOLUTION

A. L'élection du président du Mouvement populaire de la révolution

Il est de droit président de la République (art. 30). Il est élu pour cinq ans au suffrage universel direct et n'est rééligible qu'une seule fois (art. 31).

La loi fixe les conditions d'éligibilité, de la présentation du candidat, du déroulement du scrutin, du dépouillement et de la proclamation des résultats.

L'élection a lieu à la majorité absolue des suffrages exprimés.

B. Les attributions

Compte tenu de sa présence dans les différents organes du Mouvement populaire de la révolution, il est l'incarnation du mobutisme dont on sait qu'il guide le peuple zaïrois. Rien n'échappe à son contrôle :

- le président du Mouvement populaire de la révolution préside le bureau politique, le Congrès, le conseil législatif, le conseil exécutif et le conseil judiciaire ;
- il fixe les structures du Mouvement populaire de la révolution qui ne sont pas contenues dans la Constitution du 15 août 1974 ;
- il dirige et contrôle la politique étrangère de la République ;
- il accrédite les ambassadeurs et les envoyés extraordinaires auprès des puissances étrangères ; les ambassadeurs et les envoyés extraordinaires sont accrédités auprès de lui ; il négocie et ratifie les traités et les accords internationaux et déclare la guerre ;
- il communique avec le peuple soit directement, soit par des messages et prononce au moins une fois par an un discours de politique générale ;
- il exerce le pouvoir de légiférer avec le concours du conseil législatif ;
- il promulgue les lois dans les conditions fixées par l'article 62 : les lois sont revêtues du sceau de l'État et publiées dans le journal officiel de la République ;

- il assure l'exécution des lois et fait les règlements de police et d'organisation interne de l'administration. Il exerce ce pouvoir par voie d'ordonnances ;
- il nomme et révoque les commissaires politiques (membres du bureau politique) ;
- il nomme et révoque les membres du conseil exécutif (commissaires d'État) et détermine leurs attributions respectives ;
- il détermine et conduit la politique de la nation, il fixe le programme d'action du conseil exécutif et veille à son application ;
- il nomme et révoque les commissaires de région ;
- il nomme et révoque les magistrats du siège et du parquet ;
- en sa qualité de chef suprême des forces armées, il nomme et révoque les officiers des forces armées ;
- il nomme et révoque les fonctionnaires de commandant de l'administration ;
- il reçoit le serment des membres du bureau politique et du conseil exécutif, des magistrats de la Cour suprême de justice, des commissaires de région et des officiers des forces armées ;
- il peut remettre, commuer et réduire les peines ;
- il confère les grades dans les ordres nationaux et les décorations de la République ;
- il a le droit de battre monnaie et d'émettre du papier monnaie ;
- il déclare la guerre et en informe la nation par un message, après que le bureau politique a été informé préalablement ; il proclame l'état de siège ou d'urgence.

C. La vacance ou l'empêchement

L'article 33 de la constitution du 15 août 1974 déclare qu'en cas de vacance par décès, démission ou pour quelque cause que ce soit, ou d'empêchement constaté par le bureau politique, les fonctions du président du Mouvement populaire de la révolution sont provisoirement exercées par le commissaire politique le plus âgé.

Lorsqu'il s'agit de démission, celle-ci est reçue par le bureau politique qui en informe la nation.

En cas de vacance ou lorsque l'empêchement est déclaré définitif par le bureau politique, l'élection du nouveau président de la République, président du Mouvement populaire de la révolution, a lieu sur convocation du bureau politique trente jours au moins et soixante jours au plus après l'ouverture de la vacance ou après la déclaration du caractère définitif de l'empêchement.

La candidature au poste du président de la République, président du Mouvement populaire de la révolution, est reçue, examinée et présentée par le bureau politique.

SECTION 2. LES ORGANES DU MOUVEMENT POPULAIRE DE LA RÉVOLUTION

Les organes du président du Mouvement populaire de la révolution sont :

- le bureau politique ;
- le Congrès ;
- le conseil législatif ;
- le conseil exécutif ;
- le conseil judiciaire.

A. Le bureau politique

Le bureau politique demeure l'organe de conception, d'inspiration, d'organisation et de décision du président du Mouvement populaire de la révolution. Les membres sont nommés par le président du Mouvement populaire de la révolution. Ils portent le titre de commissaire politique. Il est présidé par le président du Mouvement populaire de la révolution. Il statue par voie de décision d'État. Les décisions d'État obligent, selon le cas, le conseil législatif ou le conseil exécutif à préparer les textes législatifs ou à élaborer les règlements conformes.

En ce qui concerne les attributions, le bureau politique est le dépositaire et le garant du mobutisme. C'est à ce titre que le bureau politique désigne le candidat à la présidence du Mouvement populaire de la révolution, lequel est élu au suffrage universel.

Il est compétent pour constater le cas de vacance par décès, démission ou pour quelque cause que ce soit, ainsi que le cas d'empêchement du président du Mouvement populaire de la révolution.

Il est en outre appelé à connaître tout cas de nature à porter atteinte à la doctrine du président du Mouvement populaire de la révolution.

Dans l'exercice de leurs fonctions, les commissaires politiques ne peuvent être poursuivis qu'avec l'autorisation du président du Mouvement populaire de la révolution, ou s'ils sont mis en accusation par ce dernier.

Toutefois, ils ne peuvent ni être inquiétés ni poursuivis en raison des opinions émises conformément à l'article 46 qui dit que le bureau politique est le dépositaire et le garant du mobutisme.

Pour ce qui est de sa composition, il a lieu de noter qu'elle est arrêtée à trente membres. Ensuite, le président du Mouvement populaire de la révolution n'est pas autorisé à modifier la composition du bureau politique de plus d'un tiers au cours de son mandat.

B. Le Congrès

Il rassemble toutes les forces vives de la nation ; ces membres sont désignés par le bureau politique. Il est présidé par le président du Mouvement populaire de la révolution. Il se réunit rarement, en session ordinaire tous les cinq ans et en session extraordinaire à la convocation du président du Mouvement populaire de la révolution.

Il adopte des résolutions sur les problèmes flagrants à son ordre du jour.

C. Le conseil législatif

Communément appelé l'Assemblée nationale, le conseil législatif est chargé de l'élaboration des lois. Il est constitué d'une chambre unique. Ses membres sont appelés commissaires du peuple ; leur mandat est national.

1. L'élection

Les députés appelés commissaires du peuple sont élus au suffrage universel direct et secret, à raison d'un commissaire du peuple pour 100 000 habitants ; chaque fraction de la population égale ou supérieure à 50 000 habitants donne droit à un commissaire du peuple de plus.

La durée de la législature est de cinq ans. Les pouvoirs du conseil législatif expirent le 31 mars de la sixième année à partir de son élection. L'élection du nouveau conseil législatif a lieu trente jours au moins et soixante jours au plus avant la fin de la législature.

Pour être électeur, il faut être Zaïrois, de sexe masculin ou féminin, être âgé de 18 ans au plus et ne pas se trouver dans un des cas d'exclusion prévus par la loi électorale.

Pour être éligible au conseil législatif, il faut être Zaïrois, de sexe masculin ou féminin, avoir 25 ans révolus et ne se trouver dans un des cas d'inéligibilité prévus par la loi.

L'élection a lieu au scrutin de liste, mais il ne peut y avoir qu'une liste par circonscription électorale. Les candidats se présentent aux élections sur des listes établies sous l'égide du parti national. La liste comporte autant de noms qu'il y a de sièges à pourvoir, plus un tiers. La liste est adoptée à la majorité des suffrages exprimés. Les candidats classés en ordre utile sur la liste sont élus commissaires du peuple. Ceux qui viennent en surnombre sont élus suppléants ; ils sont appelés, dans l'ordre alphabétique, à remplacer les titulaires dont le siège devient vacant.

2. Le fonctionnement

Le conseil législatif se réunit en session ordinaire deux fois par an. La première session s'ouvre le premier lundi d'avril et prend fin le premier lundi de juillet ; la seconde s'ouvre le premier lundi d'octobre et prend fin le premier lundi de janvier.

Le conseil législatif se réunit en session extraordinaire sur convocation du président du Mouvement populaire de la révolution où le président du conseil législatif exerce ses fonctions par délégation du président du Mouvement populaire de la révolution. Chaque séance, à l'ouverture de la session d'avril, le conseil législatif élit son bureau qui comprend un président, deux vice-présidents et quatre secrétaires.

Le conseil législatif ne peut discuter sur les questions inscrites à l'ordre du jour que si la majorité des deux tiers au moins de ses membres se trouve réunie. Il vote valablement si la majorité absolue de ses membres est présente et ses résolutions sont prises à la majorité absolue des suffrages.

3. Les attributions

Il élabore les lois dont la responsabilité incombe au président du Mouvement populaire de la révolution. Le conseil législatif vérifie les pouvoirs de ses membres.

Si un projet ou une proposition de loi est déclaré urgent par le président du Mouvement populaire de la révolution, il est examiné en priorité par le conseil législatif.

En matière financière, le conseil législatif examine et vote le budget. Les commissaires du peuple ont l'initiative des dépenses et des recettes lors de la discussion du budget, mais toute proportion tendant à augmenter les dépenses doit prévoir les voies et moyens nécessaires et toute proposition tendant à restreindre les recettes doit prévoir une diminution des dépenses correspondantes.

Le projet de révision est adopté par le conseil législatif à la majorité de deux tiers de ses membres.

4. Le statut des commissaires du peuple

Aucun membre du conseil législatif ne peut être poursuivi, arrêté, détenu ou jugé en raison des opinions ou votes émis par lui dans l'exercice de ses fonctions.

Ils ne peuvent être poursuivis qu'avec l'autorisation du président du Mouvement populaire de la révolution ou s'ils sont mis en accusation par ce dernier.

D. Le conseil exécutif

Il est l'organe d'exécution du Mouvement populaire de la révolution. Il est présidé par le président du Mouvement populaire de la révolution. Les ministres sont appelés commissaires d'État.

En ce qui concerne leurs attributions, ils sont les chefs de leur département. Ils travaillent sur la base d'un programme arrêté et des décisions prises par le président du Mouvement populaire de la révolution.

Dans l'exercice de leurs fonctions, les commissaires d'État répondent de leurs actes devant le président du Mouvement populaire de la révolution. Il est clair qu'ils peuvent être poursuivis qu'après autorisation du président du Mouvement populaire de la révolution ou s'ils sont mis en accusation par ce dernier.

Ils sont réputés démissionnaires chaque fois que les fonctions du président du Mouvement populaire de la révolution prennent fin.

Dans tous les cas, le conseil exécutif expédie les affaires courantes jusqu'à la formation d'un nouveau conseil exécutif.

E. Le conseil judiciaire

Il consiste à assurer le respect de la loi. Il est formé de l'ensemble des cours et tribunaux.

Le conseil judiciaire comprend la Cour suprême de justice, les cours d'appel, la Cour de sûreté de l'État, les cours militaires, les tribunaux civils et militaires.

1. Quelle est la mission attribuée au conseil judiciaire ?

- Il a pour mission de dire le droit ;
- les arrêts et les jugements ainsi que les ordonnances des cours et tribunaux sont exécutés au nom du président du Mouvement populaire de la révolution ;
- les cours et tribunaux appliquent la loi et la coutume, pour autant que celle-ci soit conforme aux lois et à l'ordre public ;
- les cours et tribunaux n'appliquent les actes des autorités administratives pour autant qu'ils soient conformes aux lois ;
- comme le président du Mouvement populaire de la révolution préside tous les organes du Mouvement populaire de la révolution, lorsque l'état d'urgence a été proclamé, il peut suspendre sur tout ou partie du territoire de la République, et pour la durée qu'il fixe, l'action répressive des juridictions civiles et y substituer celle des juridictions militaires pour les infractions qu'il détermine ;
- ainsi, dans le cas où l'action des juridictions militaires serait substituée à celle des juridictions civiles, les droits de défense et de recours en appel ne peuvent être supprimés.

2. La Cour suprême de justice

La constitution prévoit l'existence de la Cour suprême de justice (art. 70) qui contrôle la constitutionnalité des lois.

Sa compétence s'exerce sur toute l'étendue du territoire de la République.

Quant aux cours et tribunaux inférieurs, ils sont tenus de se conformer aux arrêts de la Cour suprême de justice.

3. Le conseil supérieur de la magistrature

Il est une juridiction disciplinaire des magistrats du siège et du parquet. Les magistrats du siège sont nommés et révoqués par le président du Mouvement populaire de la révolution. Ils sont indépendants dans l'exercice de leurs fonctions. Ils sont inamovibles, ils ne peuvent être remplacés que par une nomination nouvelle.

Quant aux magistrats du parquet, ils sont placés sous la direction et la surveillance de leurs chefs hiérarchiques et sous l'autorité du conseil judiciaire. À l'audience, leur parole est libre.

CHAPITRE IX

Les institutions politiques sous la Deuxième République d'après la loi n°78-010 du 15 février 1978 portant révision de la constitution

Les articles 32 et 33 de la constitution disent qu'en République du Zaïre, il n'existe qu'une seule institution, le Mouvement populaire de la révolution. Il est la nation zaïroise organisée politiquement. Sa doctrine est le mobutisme.

L'étude de ce chapitre sera consacrée au président du Mouvement populaire de la révolution, président de la République et les organes du Mouvement populaire de la révolution : le Congrès, le bureau politique, le conseil législatif, le conseil exécutif et le conseil judiciaire. Il est à noter que le bureau politique qui était en première position dans la constitution du 15 août 1974 passe en deuxième position.

SECTION 1. LE PRÉSIDENT DU MOUVEMENT POPULAIRE DE LA RÉVOLUTION, PRÉSIDENT DE LA RÉPUBLIQUE

Comme le déclare l'article 34 de la constitution, le président du Mouvement populaire de la révolution est de droit président de la République.

A. Son élection

Le président du Mouvement populaire de la révolution, président de la République, est élu pour sept ans au suffrage universel, direct et secret.

Pour être candidat aux élections présidentielles, il faut être Zaïrois de naissance et âgé de 40 ans révolus.

Les candidatures au poste de président du Mouvement populaire de la révolution, président de la République, sont reçues et examinées par le bureau politique. Ce dernier retient une candidature et la présente au Congrès représentant les forces vives de la nation qui la propose au suffrage universel du peuple. Son élection a lieu aux suffrages exprimés. La circonscription électorale pour l'élection présidentielle est le territoire de la République du Zaïre. Elle a lieu aux dates et heures qui seront fixées par une ordonnance du président de la République.

Quand les fonctions du président du Mouvement populaire de la révolution, président de la République, prennent-elles fin ?

Elles prennent fin par décès, démission, destitution ou empêchement définitif. Le décès et l'empêchement définitif sont constatés par le bureau politique, celui-ci prend acte de la démission ; il prononce la destitution en se référant à l'article 62 de la constitution qui déclare que le bureau politique est le dépositaire et le garant du mobutisme. Le bureau politique informe la nation par un message.

Lorsque la vacance est constatée par le bureau politique, les fonctions du président du Mouvement populaire de la révolution, président de la République, sont provisoirement exercées par le plus âgé des commissaires politiques dans l'attente de l'élection du nouveau président du Mouvement populaire de la révolution, président de la République. L'élection du nouveau président du Mouvement populaire de la révolution, président de la République, a lieu trente jours au moins et soixante jours au plus après l'ouverture de la vacance.

B. Les attributions reconnues au président du Mouvement populaire de la révolution, président de la République

Les différentes attributions sont les suivantes :

- il est le garant de l'indépendance et de l'intégrité territoriale ;
- il veille au bon fonctionnement de tous les organes du Mouvement populaire de la révolution ;

- il est le chef de l'exécutif. En cette qualité, il détermine et conduit la politique de l'État, fixe le programme d'action du conseil exécutif et veille à son application ;
- il préside le Congrès, le bureau politique et le conseil exécutif ;
- il fixe les structures du Mouvement populaire de la révolution non déterminées par la constitution ;
- il nomme et révoque les membres du bureau politique ;
- il nomme et révoque le premier commissaire d'État, les commissaires d'État, les officiers des forces armées, les ambassadeurs et envoyés extraordinaires auprès des puissances étrangères, les commissaires de région ainsi que les fonctionnaires de commandement de l'administration publique et les responsables des organismes parastataux ;
- il nomme et révoque le président du conseil judiciaire, les magistrats du siège et du parquet ;
- il nomme et révoque les membres de la Cour des comptes ;
- il reçoit le serment des membres du bureau politique et du conseil exécutif, du président du conseil judiciaire, des magistrats de la Cour Suprême de justice et du parquet auprès cette Cour, des membres de la Cour des comptes, des directeurs généraux de l'administration publique, des commissaires de région et des officiers des forces armées. Il est le chef suprême des forces armées ;
- il a l'initiative des lois ;
- il peut, lorsque le conseil législatif n'est pas en session et en cas d'urgence, prendre par ordonnance-loi des dispositions qui sont normalement du domaine de la loi ;
- il assure la promulgation des lois dans les conditions déterminées par l'article 83 de la constitution déclarant que les lois sont promulguées par le président du Mouvement populaire de la révolution, président de la République. Elles sont revêtues du sceau de l'État et publiées au journal officiel ;
- il assure l'exécution des lois et fait les règlements de police et d'administration publique. Il exerce ce pouvoir par voie d'ordonnance ;
- il est le garant de l'indépendance du conseil judiciaire. Il peut remettre, commuer ou réduire les peines ;

- il dirige et contrôle la politique étrangère de la République ; il accrédite les ambassadeurs et envoyés extraordinaires des puissances étrangères auprès de la République du Zaïre ;
- il confère les grades dans les ordres nationaux et les décorations nationales, conformément à la loi ;
- il a le droit de battre monnaie et d'émettre du papier en exécution de la loi ;
- il déclare la guerre, après l'avis du bureau politique. Il en informe la nation par un message. Une fois la guerre déclarée, le président du Mouvement populaire de la révolution, président de la République, peut proclamer l'état de siège ;
- lorsque des circonstances graves menacent d'une manière immédiate l'indépendance ou l'intégrité de la nation, ou qu'elles provoquent l'interruption du fonctionnement régulier des organes du Mouvement populaire de la révolution, ou encore lorsqu'elles risquent de porter atteinte aux intérêts vitaux de l'État, le président du Mouvement populaire de la révolution, président de la République, peut proclamer l'état d'urgence, après avis du bureau politique. Il en informe la nation par un message ;
- lorsque l'état de siège ou d'urgence a été proclamé, le président du Mouvement populaire de la révolution, président de la République, est habilité à prendre toutes les mesures exigées par les circonstances. Il peut notamment porter des restrictions à l'exercice des libertés individuelles et à la jouissance de certains droits fondamentaux dans les conditions déterminées par la constitution et par les lois. Il peut de même suspendre, sur tout ou partie du territoire national et pour une durée et des infractions qu'il détermine, l'action répressive des juridictions ordinaires et y substituer celle des juridictions militaires. Toutefois, il ne peut porter atteinte aux droits de défense et de recours en appel ;
- il communique avec le conseil législatif et avec le peuple, soit directement, soit par des messages qu'il fait lire et qui ne donnent lieu à aucun débat. Il prononce au moins une fois par an un discours de politique générale ;
- sa personne étant inviolable, le président du Mouvement populaire de la révolution, président de la République, ne peut être poursuivi que pour déviationnisme, conformément aux dispositions de l'article 62 de la constitution.

SECTION 2. LES ORGANES DU MOUVEMENT POPULAIRE DE LA RÉVOLUTION

Les organes du Mouvement populaire de la révolution sont au nombre de cinq :

- le bureau politique ;
- le Congrès ;
- le conseil législatif ;
- le conseil exécutif ;
- le conseil judiciaire.

A. Le bureau politique

Il est l'organe de conception, d'inspiration, d'orientation et de décision du Mouvement populaire de la révolution.

B. Le Congrès

Il est l'organe suprême du Mouvement populaire de la révolution. Il est composé de membres représentant toutes les forces vives de la nation.

Leur mode de désignation est fixé par le bureau politique.

Le Congrès se réunit en session ordinaire et en session extraordinaire sur convocation du président du Mouvement populaire de la révolution, président de la République.

Pour ce qui est de la session ordinaire, elle a lieu tous les cinq ans ; en revanche, la session extraordinaire a lieu chaque fois qu'une question d'intérêt national l'exige. À chaque session ordinaire du Congrès, le président du Mouvement populaire de la révolution, président de la République, présente un rapport sur la question générale des affaires de l'État.

Comme mission, il statue sur toutes les questions relatives aux options fondamentales du Mouvement populaire de la révolution et à sa doctrine.

Quelle est la composition du bureau politique ?

Le bureau politique se compose de trente membres appelés commissaires politiques. Sur les trente membres, dix-huit sont élus au suffrage universel direct et secret à raison de deux sièges par région, y compris la ville de Kinshasa, ainsi que douze membres désignés par le président du Mouvement populaire de la révolution, président de la République. Ils sont nommés par le président du Mouvement populaire de la révolution, président de la République.

En cette qualité, ils sont de droit commissaires du peuple. Toutefois, il faut retenir que l'initiative des lois appartient concurremment au président du Mouvement populaire de la révolution, président de la République, et à chacun des membres du conseil législatif.

Comment peut-on devenir membre du bureau politique ?

Tout citoyen zaïrois de naissance, âgé de trente-cinq ans révolus, peut être élu membre du bureau politique.

Quels sont leurs mandats ?

Le mandat d'un commissaire politique est de cinq ans.

Quand arrive-t-il à terme ?

Le mandat d'un commissaire politique prend fin par le décès, la démission, l'incapacité permanente constatée par le bureau politique ; la déchéance du mandat prononcée par le président du Mouvement populaire de la révolution, président de la République, si le commissaire politique s'est rendu coupable de haute trahison, de déviationnisme ou de manquement grave à la discipline du Mouvement populaire de la révolution ou lorsqu'il tombe dans un des cas d'exclusion prévus par la loi électorale.

Quelles sont les matières relevant de la compétence du bureau politique ?

Les matières relevant de la compétence du bureau politique sont les suivantes :

- il veille au respect des options fondamentales du Mouvement populaire de la révolution et à l'application des résolutions prises par le Congrès ;
- il est le dépositaire et le garant du mobutisme. À ce titre, il est compétent pour connaître tout acte de nature à porter atteinte à la doctrine du Mouvement populaire de la révolution, même dans le chef du président du Mouvement populaire de la révolution, président de la République. L'acte posé par le président du Mouvement populaire de la révolution, président de la République, a valeur de déviationnisme. Dans ce dernier cas, le bureau politique, saisi par une motion remise par le membre au commissaire

politique le plus âgé, se réunit de plein droit sous la présidence de ce dernier. Lorsque le déviationnisme est établi, le bureau politique prononce la destitution du président du Mouvement populaire de la révolution, président de la République ;
- il statue par décision d'État.

Il faut noter que dans l'exercice de ses fonctions, le commissaire politique ne peut être poursuivi qu'avec l'autorisation du président du Mouvement populaire de la révolution, président de la République, ou s'il est mis en accusation par ce dernier.

C. Le conseil législatif

1. La composition et son élection

Il est composé d'une chambre unique. Ses membres sont appelés commissaires du peuple.

Les commissaires du peuple sont élus au suffrage universel direct et secret dans les circonscriptions électorales déterminées par la loi.

Pour être éligible au conseil législatif, il faut être Zaïrois et âgé de 25 ans au moins.

Le mandat du commissaire du peuple est national.

La durée de la législature est de cinq ans. L'élection du nouveau conseil législatif a lieu trente jours au moins et soixante jours au plus avant la fin de la législature.

2. Les attributions du conseil législatif

Le conseil législatif a pour compétences les points suivants :

- il élabore les lois en se conformant aux idéaux et à la doctrine du Mouvement populaire de la révolution ; les lois sont promulguées par le président du Mouvement populaire de la révolution, président de la République ; elles sont revêtues du sceau de l'État et publiées au journal officiel ;
- il vérifie et valide les pouvoirs de ses membres ;
- si un projet ou une proposition de loi est déclaré urgent par le président du Mouvement populaire de la révolution, président de la République, il est examiné en priorité par le conseil législatif ;
- le conseil législatif vote le projet de loi budgétaire ;

- le conseil législatif dispose du pouvoir de contrôle sur le conseil exécutif, le conseil judiciaire et les services publics de l'État. Le conseil législatif exerce ce contrôle soit par la question orale ou écrite, soit par l'interpellation, soit par les commissions d'enquête instituées en son sein ;
- le conseil législatif adopte le projet ou la proposition de la révision constitutionnelle à la majorité des deux tiers de ses membres.

3. Le fonctionnement

Le conseil législatif se réunit de plein droit en session ordinaire deux fois par an. La première session s'ouvre le premier lundi d'avril et prend fin le premier lundi de juillet ; la seconde s'ouvre le premier lundi d'octobre et prend fin le premier lundi de janvier.

Le conseil législatif se réunit de plein droit en session extraordinaire le lendemain du jour où expirent les pouvoirs du conseil législatif précédent, en vue d'élire les membres de son bureau. Il peut être convoqué en session extraordinaire par le président du Mouvement populaire de la révolution. En ce cas, l'acte de convocation fixe l'ordre du jour de la session.

Le bureau du conseil législatif est élu pour la durée de la législature. Toutefois, il peut être renouvelé à la demande de deux tiers des membres qui composent le conseil législatif. Pour les séances du conseil législatif, la moitié de ses membres constituent le *quorum*. Toutefois, le conseil législatif ne prend ses décisions qu'à la majorité absolue des suffrages et pour autant que les deux tiers de ses membres se trouvent réunis.

Le président du Mouvement populaire de la révolution, président de la République, déclare la clôture des sessions ordinaires sur proposition du Bureau du conseil législatif et celle des sessions extraordinaires dès que le conseil législatif a épuisé son ordre du jour.

4. Les incompatibilités

Le mandat du conseil législatif est incompatible avec :
- le mandat de président de la République ;
- la fonction de conseiller à la Cour des comptes ;
- la fonction de magistrat ;
- la fonction d'autorité chargée de l'administration des circonscriptions territoriales ;

- la qualité d'agent de carrière des services publics de l'État ;
- la fonction de cadre dirigeant des entreprises d'État ou des établissements publics ;
- la fonction conférée par un État étranger ou une organisation internationale et rémunérée par un État étranger ou une organisation internationale (sur leurs fonds) ;
- tout autre mandat public électif.

5. Les vacances

Les candidats élus suppléants sont appelés, dans l'ordre de préséance établi selon le nombre de voix obtenues, à remplacer le commissaire du peuple dont le siège devient vacant.

6. La cessation du mandat

Le mandat du commissaire du peuple prend fin par :
- l'expiration du mandat ;
- le décès ;
- la démission acceptée par le bureau politique et le conseil législatif ;
- l'incapacité physique permanente ;
- l'absence non motivée et non autorisée, selon le cas, aux séances du conseil législatif, soit par les règlements intérieurs de chacun des organes concernés ;
- la perte de la nationalité zaïroise ;
- l'acquisition d'une des qualités incompatibles avec le mandat de membre du bureau politique et du conseil de zone urbaine ;
- la survenance de l'un des faits suivants :
  - la condamnation pour délit de droit commun à la peine de travaux forcés de plus d'un an ou à la peine de servitude pénale principale de plus d'un an ;
  - l'aliénation mentale ;
  - la déchéance prononcée par le bureau politique pour manquement grave à la discipline du Mouvement populaire de la révolution.

D. Le conseil exécutif

Le conseil exécutif est l'organe d'exécution du Mouvement Populaire de la révolution.

1. La composition et le fonctionnement

Il est composé d'un premier commissaire d'État et de commissaires d'État. Il est présidé par le président du Mouvement populaire de la révolution, président de la République.

Le premier commissaire d'État est nommé par le président du Mouvement populaire de la révolution, président de la République. Les commissaires d'État sont nommés par le président du Mouvement populaire de la révolution, président de la République, sur proposition du premier commissaire d'État.

Le premier commissaire d'État et les commissaires d'État répondent de leurs actes devant le président du Mouvement populaire de la révolution, président de la République.

Les commissaires d'État sont réputés démissionnaires chaque fois que les fonctions du président du Mouvement populaire de la révolution, président de la République, prennent fin ou en cas de vacance créée par la démission, l'empêchement définitif ou la révocation du premier commissaire d'État. Dans ce cas, le conseil exécutif expédie les affaires courantes jusqu'à la formation d'un nouveau conseil.

Dans l'exercice de leurs fonctions, le premier commissaire d'État et les commissaires d'État ne peuvent être poursuivis qu'après l'autorisation du président du Mouvement populaire de la révolution, président de la République, ou s'ils sont mis en accusation par ce dernier.

2. Les attributions

L'article 90 de la constitution déclare que le premier commissaire d'État coordonne l'action du conseil exécutif dans le cadre du programme tracé et des directives données par le président du Mouvement populaire de la révolution, président de la République. À ce titre, il tient le président du Mouvement populaire de la révolution, président de la République, pleinement informé de la conduite des affaires de l'État.

En revanche, l'article 91 de la constitution stipule que les commissaires d'État sont les chefs de leurs départements. Ils appliquent, dans leurs départements, le programme fixé et les décisions prises par le président du Mouvement populaire de la révolution, président de la République.

Le premier commissaire d'État et les commissaires d'État statuent par voie d'arrêtés.

E. Le conseil judiciaire

1. La composition et le fonctionnement

L'ensemble des cours et tribunaux ainsi que le ministère public forment le conseil judiciaire. Il comprend : la Cour suprême de justice, le conseil de guerre général, les cours d'appel, la Cour de sûreté de l'État, les tribunaux et le conseil de guerre ainsi que le ministère public institué auprès de ces juridictions.

Le conseil judiciaire est présidé par un haut magistrat qui porte le titre de président du conseil judiciaire et qui est nommé par le président du Mouvement populaire de la révolution, président de la République.

2. Les attributions

La liste des attributions est la suivante :

- le président du conseil judiciaire participe aux délibérations et exerce le contrôle général de l'activité et de la politique des sentences des cours et tribunaux. Il peut, nonobstant l'expiration des délais de recours, les parties au procès entendues, suspendre l'exécution et requérir de la Cour suprême de justice la modification en fait comme en droit de toute décision judiciaire qui lui paraît non conforme à l'administration d'une bonne justice. Il peut, en vue d'assurer l'unité de la jurisprudence, émettre des directives ayant le caractère de règlement d'ordre général. Les cours et tribunaux ne peuvent aller à l'encontre de ses directives qu'en vertu d'une décision spécialement motivée ;
- le conseil judiciaire a pour mission de dire le droit. Le magistrat, dans l'exercice de cette mission, est indépendant. Les arrêts et jugements ainsi que les ordonnances des cours et tribunaux sont exécutés au nom du président du Mouvement populaire de la révolution, président de la République ;
- les cours et tribunaux appliquent la loi et la coutume, pour autant que celle-ci soit conforme aux lois et à l'ordre public. Les cours et tribunaux n'appliquent les actes des autorités

administratives que pour autant qu'ils soient conformes aux lois ;

- la Cour suprême de justice connaît des recours en appréciation de la constitutionnalité des lois et des actes ayant force de loi, ainsi que des recours en interprétation de la constitution, des pourvois en cassation formés contre les décisions rendues en dernier ressort par les cours et tribunaux, des recours en annulation des actes et des décisions des autorités centrales de la République, ainsi que des contestations électorales. Elle juge en premier et dernier ressort les commissaires politiques, les commissaires du peuple, les commissaires d'État et les magistrats de la Cour suprême de justice et du parquet général de la République. Elle donne des avis consultatifs sur les projets ou propositions de lois ou d'actes réglementaires. En cas de renvoi après cassation, les cours et tribunaux inférieurs sont tenus de se conformer à l'arrêt de la Cour suprême de justice sur le point de droit jugé par cette dernière.

CHAPITRE X

La loi n°80-012 du novembre 1980 modifiant et complétant quelques dispositions de la constitution et la loi n°82-004 du 31 décembre 1982 portant modification de certaines dispositions de la constitution

La loi n°80-012 du novembre 1980 modifiant et complétant quelques dispositions de la constitution apporte des innovations dans les dispositions de celle-ci. Aussi, est-il apparu opportun de réaménager et de redéfinir la hiérarchie et le fonctionnement des organes et des branches spécialisés du Mouvement populaire de la révolution.

On constate la création de trois nouveaux organes découlant de cette restructuration impliquant l'introduction de nouvelles dispositions dans la constitution, ainsi que la modification de celles qui ne sont plus conformes au nouvel esprit.

En ce qui concerne l'exercice du pouvoir, il est à noter que le président du Mouvement populaire de la révolution, président de la République qui, jusqu'ici, ne constituait pas un organe du Mouvement populaire de la révolution, a été élevé à ce rang et situé au niveau correspondant au rôle capital qu'il doit jouer dans la bonne marche des activités du Mouvement populaire de la révolution ainsi que de l'État. Ainsi, le pouvoir qui émane du peuple sera exercé par le président du Mouvement populaire de la révolution, président de la République, et par les autres organes du mouvement.

La redéfinition de la hiérarchie et du fonctionnement des organes du Mouvement populaire de la révolution entraîne la mise sur pied de trois nouveaux organes, qui sont donc le président du

Mouvement populaire de la révolution, président de la République, le Comité central et le Comité exécutif, portant ainsi à huit le nombre des organes du Mouvement populaire de la révolution.

Le président qui devient le premier organe du Mouvement populaire de la révolution se définit comme organe central de décision et de contrôle des activités du parti, et viennent ensuite les autres tels que le Congrès, le Comité central, le bureau politique, le conseil législatif, le Comité exécutif, le conseil exécutif et le conseil judiciaire.

Quant à la loi n°82-004 du 31 décembre 1982 portant modification de certaines dispositions de la constitution, ce qu'il faut retenir, c'est que le comité exécutif du Mouvement populaire de la révolution est supprimé. Le commissaire politique change d'appellation et devient membre du bureau politique.

Les organes du Mouvement populaire de la révolution sont :

- le président du Mouvement populaire de la révolution, président de la République ;
- le Congrès ;
- le Comité central ;
- le bureau politique ;
- le conseil législatif ;
- le conseil exécutif ;
- le conseil judiciaire.

SECTION 1. LA LOI N°80-012 DU NOVEMBRE 1980 MODIFIANT ET COMPLÉTANT QUELQUES DISPOSITIONS DE LA CONSTITUTION

Les organes du Mouvement populaire de la révolution sont :

- le président du Mouvement populaire de la révolution, président de la République ;
- le Congrès ;
- le comité central ;
- le bureau politique ;
- le conseil législatif ;
- le comité exécutif ;
- le conseil exécutif ;
- le conseil judiciaire.

A. Le président du Mouvement populaire de la révolution, président de la République

Le président du Mouvement populaire de la révolution, président de la République, est l'organe central de décision et de contrôle des activités du Mouvement populaire de la révolution. Il est de droit président de la République (art. 36).

1. Son élection

Les candidatures au poste du président du Mouvement populaire de la révolution, président de la République, sont reçues et examinées par le comité central. Le comité central retient une candidature et la présente au Congrès qui la propose au suffrage du peuple. L'élection a lieu à la majorité des suffrages exprimés. Lorsque le candidat obtient la majorité des suffrages exprimés, le comité central, réuni en session extraordinaire, le proclame élu président du Mouvement populaire de la révolution, président de la République.

Pour être électeur, il faut être Zaïrois, homme ou femme, âgé de 18 ans révolus à la date de la clôture définitive des rôles électoraux.

Ne peuvent participer au vote les personnes qui, au jour de l'élection, bien que figurant aux rôles électoraux :

- sont détenues ;
- sont internées ou hospitalisées pour cause d'aliénation mentale attestée par certificat médical ;
- sont déchues de l'exercice des droits civiques et politiques ;
- se trouvent à l'étranger.

Pour être éligible au poste du président du Mouvement populaire de la révolution, président de la République, il faut remplir les conditions suivantes :

- avoir la nationalité zaïroise d'origine, c'est-à-dire être de père et mère zaïrois ;
- être âgé de 40 ans révolus au moins au jour du dépôt de la candidature.

Sont inéligibles :

- les personnes exclues de l'électorat ;
- les personnes qui ont été condamnées pour infraction de droit commun à la peine de travaux forcés ou de servitude pénale, même avec sursis, de plus d'un an au cours des cinq

dernières années ou de plus de trois ans au cours des dix dernières années ;
- les personnes détenues qui purgent une peine à la suite d'une condamnation pénale définitive, à la peine de travaux forcés ou de servitude pénale principale de plus d'un an ;
- les personnes qui accusent un état d'inaptitude physique ou de déficience mentale.

2. Les attributions

Les différentes attributions sont les suivantes :
- il représente la nation ;
- il est le garant de l'indépendance nationale et de l'intégrité du territoire ;
- il veille au bon fonctionnement de tous les organes du Mouvement populaire de la révolution ;
- en sa qualité de chef de l'exécutif, il détermine et conduit la politique de l'État, fixe le programme d'action du conseil exécutif et veille à son application ;
- il préside le Congrès, le comité central, le bureau politique, le comité exécutif et le conseil exécutif ;
- il nomme et révoque les membres du comité central, du bureau politique et du comité exécutif ;
- il nomme et révoque le premier commissaire d'État, les secrétaires d'État, les officiers des forces armées, les ambassadeurs et les envoyés extraordinaires auprès des puissances étrangères, les gouverneurs de région, les commissaires de région ainsi que les fonctionnaires de l'administration publique et les responsables des organismes parastataux ;
- il nomme et révoque les magistrats du siège et du parquet ;
- il nomme et révoque les membres de la Cour des comptes ;
- il reçoit le serment des membres du comité central, du bureau politique, du comité exécutif et du conseil exécutif, des magistrats de la Cour suprême de justice et du parquet général auprès de cette Cour, des membres de la Cour des comptes, des secrétaires d'État, des gouverneurs de région, des commissaires de région et des officiers des forces armées. Il est le chef suprême des forces armées ;
- il déclare la guerre, après avis du comité central. Il en informe la nation par un message. Lorsque la guerre est

déclarée, le président du Mouvement populaire de la révolution, président de la République, peut proclamer l'état de siège ;

- lorsque des circonstances graves menacent d'une manière immédiate l'indépendance ou l'intégrité de la nation ou qu'elles provoquent l'interruption du fonctionnement régulier des organes du Mouvement populaire de la révolution, ou encore lorsqu'elles risquent de porter atteinte aux intérêts vitaux de l'État, le président du Mouvement populaire de la révolution, président de la République, peut proclamer l'état d'urgence, après avis du comité central. Il en informe la nation par un message.

3. La cessation du mandat

Les fonctions du président du Mouvement populaire de la révolution, président de la République, prennent fin par décès, démission, destitution ou empêchement définitif. Le décès et l'empêchement définitif sont constatés par le comité central qui en prend acte et en prononce la destitution. Il en informe la nation par un message.

Lorsque la vacance est constatée par le comité central, les fonctions du Mouvement populaire de la révolution, président de la République, sont provisoirement exercées par le plus âgé des membres du comité central.

L'élection du nouveau président du Mouvement populaire de la révolution, président de la République, a lieu trente jours au moins et soixante jours au plus après l'ouverture de la vacance.

B. Le Congrès

Selon l'article 55 de la constitution, le Congrès est l'organe du Mouvement populaire de la révolution chargé de statuer sur toutes les questions relatives aux options fondamentales du Mouvement populaire de la révolution et sa doctrine.

Il comprend les membres représentant toutes les forces vives de la nation. Leur mode de désignation est fixé par le comité central.

C. Le comité central

Le comité central est l'organe de conception, d'inspiration, d'orientation et de décision du Mouvement populaire de la révolution (art. 60).

1. La composition

Il est composé de membres appelés membres du comité central qui sont nommés et, le cas échéant, révoqués de leurs fonctions par le président du Mouvement populaire de la révolution, président de la République.

Avant d'entrer en fonction, les membres du comité central prêtent serment devant le président du Mouvement populaire de la révolution, président de la République, qui en donne acte.

2. Les attributions

Il a des compétences dans les matières suivantes :

- il veille au respect des options fondamentales du Mouvement populaire de la révolution et à l'application des résolutions prises par le Congrès ;
- il est le dépositaire et le garant du mobutisme. À ce titre, il est compétent pour connaître tout acte de nature à porter atteinte à la doctrine du Mouvement populaire de la révolution, même pour le chef du président du Mouvement populaire de la révolution, président de la République ;
- il statue par décision d'État. Les décisions d'État obligent, selon le cas, le conseil législatif ou le conseil exécutif à élaborer les textes législatifs ou réglementaires, le comité exécutif à prendre les directives ou instructions.

3. La cessation du mandat

Les fonctions d'un membre du comité central prennent fin par décès, démission, incapacité permanente constatée par le comité central ou révocation par le président du Mouvement populaire de la révolution, président de la République.

Remarque : le membre du Comité central ne peut être poursuivi qu'avec l'autorisation de président du Mouvement populaire de la révolution, président de la République, ou s'il est mis en accusation par ce dernier.

D. Le bureau politique

Le bureau politique est l'organe permanent de contrôle des décisions du Mouvement populaire de la révolution.

En ce qui concerne sa composition, l'article 68 de la constitution est libellé comme suit : le bureau politique est composé de membres appelés commissaires politiques. Ils sont nommés et, le cas échéant, relevés de leurs fonctions par le président du Mouvement populaire de la révolution.

Avant d'entrer en fonction, les commissaires politiques prêtent serment devant le président du Mouvement populaire de la révolution, président de la République, qui leur en donne acte.

En ce qui concerne la cessation du mandat, leurs fonctions prennent fin par décès, démission, incapacité permanente constatée par le bureau politique ou révocation par le président du Mouvement populaire de la révolution, président de la République.

Enfin, les commissaires politiques ne peuvent être poursuivis qu'avec l'autorisation du président du Mouvement populaire de la révolution, président de la République, ou s'il est mis en accusation par ce dernier.

E. Le conseil législatif

La composition, le fonctionnement et les attributions reconnues au conseil législatif n'ont pas changé. Ce qu'il faut retenir, ce sont les articles 65, 66, 67, 68, 69 et 70 qui deviennent les articles 72, 73, 74, 75, 76 et 77.

L'article 71 devient l'article 78 et est modifié de la manière suivante : en ce qui concerne le mandat du commissaire du peuple, il prend fin par la déchéance prononcée par le comité central en cas de manquement grave à la discipline du Mouvement populaire de la révolution, par décès, démission, incapacité permanente, absence injustifiée à plus d'un quart des séances, ou lorsque le commissaire du peuple tombe dans l'un des cas d'exclusion prévus par la loi électorale.

Les autres articles subiront le même sort. Les articles 72, 73, 74, 75, 76, 77, 78, 79, 80, 81, 82, 83, 84 et 85 deviennent respectivement les articles 75, 80, 81, 82, 83, 84, 85, 86, 87, 88, 89, 90, 91 et 92.

F. Le comité exécutif

Le comité exécutif est l'organe du Mouvement populaire de la révolution chargé de la coordination des branches spécialisées et du contrôle des activités des organisations subordonnées de la région à la cellule (art. 40).

Les membres du Comité exécutif sont nommés et, le cas échéant, révoqués de leur fonction par le président du Mouvement populaire de la révolution, président de la République.

Ils prennent fonction en prêtant serment devant le président du Mouvement populaire de la révolution, président de la République, qui en donne acte.

En ce qui concerne la cessation de leurs fonctions, elles prennent fin par décès, démission ou incapacité permanente constatés par le comité exécutif ou la révocation par le président du Mouvement populaire de la révolution, président de la République.

Enfin, le membre du comité exécutif du Mouvement populaire de la révolution ne peut être poursuivi dans l'exercice de sa fonction qu'avec l'autorisation du président du Mouvement populaire de la révolution, président de la République, ou s'il est mis en accusation par ce dernier.

G. Le conseil exécutif

Pas de modifications très importantes à signaler, sauf que les articles 86, 87, 88, 89, 90, 91 et 92 deviennent respectivement les articles 98, 99, 100, 101, 102, 103 et 104.

H. Le conseil judiciaire

Comme le conseil exécutif, le conseil judiciaire n'a pas connu de modifications considérables, sauf que les articles 93, 94 et 95 deviennent respectivement les articles 105, 106 et 107. La composition, le fonctionnement et les attributions reconnus dans les autres constitutions n'ont jamais changé.

L'article 108 est modifié et complété comme suit : en ce qui concerne surtout la mission de la Cour suprême de justice, elle connaît des recours en appréciation de la constitutionnalité des lois et des actes ayant force de la loi ainsi que des recours en interprétation de la constitution, des pourvois en cassation formés contre les décisions rendues en dernier ressort par les cours et tribunaux, des recours en annulation des actes et décisions des autorités centrales de la République ainsi que des contestations électorales.

Elle juge en premier et dernier ressort les membres du Comité central, les commissaires politiques, les commissaires du peuple, les membres du Comité exécutif, les commissaires d'État, les magistrats de la Cour suprême de justice et du parquet général de la République, les secrétaires d'État et les gouverneurs de région.

Elle donne des avis consultatifs sur les projets ou propositions de lois ou d'actes réglementaires.

En cas de renvoi après cassation, les cours et tribunaux inférieurs sont tenus de se conformer à l'arrêt de la Cour.

SECTION 2. LA LOI N°82-004 DU 31 DÉCEMBRE 1982 PORTANT MODIFICATION DE CERTAINES DISPOSITIONS DE LA CONSTITUTION

Les principaux organes du Mouvement populaire de la révolution sont :

- le président du Mouvement populaire de la révolution, président de la République ;
- le Congrès ;
- le comité central ;
- le bureau politique ;
- le conseil législatif ;
- le conseil exécutif ;
- le conseil judiciaire.

A. Le président du Mouvement populaire de la révolution, président de la République

Les articles 36, 40 et 42 sont modifiés :

Le président du Mouvement populaire de la révolution est de droit président de la République.

Le président du Mouvement populaire de la révolution, président de la République, a comme missions les tâches suivantes :

- il représente la nation ;
- il est le garant de l'indépendance nationale et de l'intégrité du territoire ;

- il veille au bon fonctionnement de tous les organes du Mouvement populaire de la révolution ;
- il est le chef de l'exécutif. Il conduit la politique de l'État, fixe le programme d'action du conseil exécutif et veille à son application ;
- il préside le Congrès, le comité central, le bureau politique et le conseil exécutif (art. 36 modifié) ;
- il nomme et révoque les membres du Comité central et du bureau politique ;
- il nomme et révoque le premier commissaire d'État, les commissaires d'État, les secrétaires d'État, les officiers des forces armées, les ambassadeurs et les envoyés extraordinaires auprès des puissances étrangères, les gouverneurs de région, les vices gouverneurs de région ainsi que les fonctionnaires de l'administration publique et les responsables des organismes parastataux ;
- il nomme et révoque les magistrats du siège et du parquet ;
- il nomme et révoque les membres de la Cour des comptes ;
- il reçoit le serment des membres du comité central, du bureau politique, du comité exécutif et du conseil exécutif, des magistrats de la Cour suprême de justice et du parquet général près cette Cour, des membres de la Cour des comptes, des secrétaires d'État, des gouverneurs de région, des vice-gouverneurs et des officiers des forces armées. Il est le chef suprême des forces armées (art. 42 modifié).

B. Le Comité central

Ici, l'article 63 est modifié comme suit : « Le Comité central statue par voie de décision d'État. Les décisions d'État obligent, selon le cas, le conseil législatif ou le conseil exécutif à élaborer les textes législatifs ou réglementaires. »

C. Le bureau politique

Il s'agit uniquement de l'article 68 qui est modifié comme suit : le bureau politique est composé de membres appelés membres du bureau politique.

Les membres du bureau politique sont nommés et, le cas échéant, relevés de leurs fonctions par le président du Mouvement populaire de la révolution, président de la République.

Il en est de même pour l'article 69 qui est modifié comme suit : avant d'entrer en fonction, le membre du bureau politique prête serment devant le président du Mouvement populaire de la révolution, président de la République, qui en donne acte.

En ce qui concerne la cessation des fonctions d'un membre du bureau politique, l'article 70 est modifié comme suit : les fonctions d'un membre du bureau politique prennent fin par le décès, la démission, l'incapacité permanente constatée par le bureau politique ou la révocation par le président du Mouvement populaire de la révolution, président de la République.

Quant aux poursuites intentées contre un membre du bureau politique, l'article 71 est modifié comme suit : le membre du bureau politique ne peut être poursuivi qu'avec l'autorisation du président du Mouvement populaire de la révolution, président de la République, ou s'il est mis en accusation par ce dernier.

D. Le conseil législatif

Le conseil législatif est composé d'un président, de deux vice-présidents et de deux secrétaires.

L'article 77 est modifié comme suit : la durée de la législature est de cinq ans. L'élection du nouveau conseil législatif a lieu trente jours au plus tard avant le mois d'octobre de la dernière année de la législature.

Quant à l'article 80, il devient l'article 78 et est modifié comme suit : aussitôt après la publication des résultats du scrutin, le président du Mouvement populaire de la révolution, président de la République, convoque le conseil législatif en session extraordinaire en vue de vérifier, de valider les pouvoirs de ses membres et de constituer son bureau.

Le bureau du conseil législatif est élu pour la durée de la législature. Toutefois, il peut être renouvelé à la demande de deux tiers des membres qui composent le conseil législatif.

E. Le conseil judiciaire

Le conseil judiciaire ne fait pas d'exception comme les autres organes du Mouvement populaire de la révolution.

Les articles 108, 109, 110, par exemple, deviennent respectivement 103, 104, 105.

Pour ce qui est de l'article 108, il devient l'article 103 et est modifié comme suit : pour ne prendre que l'exemple de la Cour suprême de justice, celle-ci connaît des recours en appréciation de la constitutionnalité des lois et des actes ayant force de loi ainsi que des recours en interprétation de la constitution, des pourvois en cassation formés, contre les décisions rendues en dernier ressort par les cours et tribunaux, des recours en annulation des actes et décisions des autorités centrales de la République ainsi que des contestations électorales.

Elle juge en premier et dernier ressort les membres du comité central, les commissaires politiques, les commissaires du peuple, les membres du comité exécutif, les commissaires d'État, les magistrats de la Cour suprême de justice et du parquet général de la République, les secrétaires d'État et les gouverneurs de région.

Elle donne des avis consultatifs sur les projets ou propositions de lois ou d'actes réglementaires.

En cas de renvoi après cassation, les cours et tribunaux inférieurs sont tenus de se conformer à l'arrêt de la Cour suprême de justice sur le point de droit par cette dernière.

CHAPITRE XI

Les différentes institutions politiques sous la Deuxième République d'après la loi n°90-002 du 5 juillet 1990 portant révision de certaines dispositions de la constitution

Cette révision de la constitution est le résultat de nombreuses difficultés que le pays va connaître. De janvier à avril 1990, sur l'initiative du président du Mouvement populaire de la révolution, président de la République, une consultation populaire est organisée. Les résultats de cette consultation sont les suivants :

- l'introduction au Zaïre du multipartisme à trois partis et du pluralisme syndical ;
- l'abolition de l'institutionnalisation du Mouvement populaire de la révolution avec, comme conséquence, la suppression de son rôle dirigeant et de toute référence à celui-ci, la séparation nette entre le parti et l'État, la réhabilitation des trois pouvoirs traditionnels, à savoir le législatif, l'exécutif et le judiciaire, comme seules institutions constitutionnelles ;
- l'instauration d'une période de transition allant jusqu'au 30 avril 1991, d'où la nécessité impérieuse de modifier la constitution en vue de l'adapter à cette période de transition ;
- l'élaboration, par une commission constituante, d'une constitution définitive devant être soumise à un référendum et appelée à régir la Troisième République.

On remarque la réhabilitation des trois pouvoirs traditionnels de l'État à travers les quatre institutions de la République qui sont :

- le président de la République ;
- l'Assemblée nationale ;

- le gouvernement ;
- les cours et tribunaux.

SECTION 1. LE PRÉSIDENT DE LA RÉPUBLIQUE

Les questions posées sont les suivantes : comment l'élection du président de la République est-elle organisée ? Quelles sont ses attributions ? Comment les fonctions du président de la République prennent-elles fin ?

A. L'élection du président de la République

Les candidatures au poste de président de la République sont reçues et examinées par la Cour suprême de justice. Le président de la République est élu pour sept ans au suffrage universel direct et secret.

Pour être candidat, il faut être âgé de 40 ans révolus et avoir la nationalité zaïroise. L'élection au poste de président de la République a lieu à la majorité des suffrages exprimés.

B. Les attributions

Les attributions reconnues au président de la République sont les suivantes :

- il représente la nation ;
- il est le garant de l'indépendance, de l'unité nationale, de l'intégrité et de la sécurité du territoire. Il peut présider le conseil des ministres. En sa qualité du chef suprême des forces armées, il préside le conseil supérieur de la défense ;
- il nomme le Premier ministre et met fin à ses fonctions ;
- il nomme les autres membres du gouvernement et met fin à leurs fonctions, sur proposition du Premier ministre ;
- il nomme et révoque les officiers des forces armées ;
- il nomme et révoque, sur proposition du gouvernement, les ambassadeurs et envoyés extraordinaires auprès des puissances étrangères ;
- il nomme et révoque, sur proposition du gouvernement, les gouverneurs de région, les vice-gouverneurs de région, ainsi que les fonctionnaires de commandement de l'administration publique et les responsables des organismes et parastataux ;

- il nomme et révoque les magistrats du siège et du parquet, sur proposition du conseil supérieur de la magistrature ;
- il nomme et révoque les membres de la Cour des comptes ;
- il reçoit le serment des membres du gouvernement, de magistrats de la Cour des comptes, des gouverneurs de région, des vice-gouverneurs de région et des officiers des forces armées ;
- il a l'initiative des lois. Il peut, lorsque l'Assemblée nationale n'est pas en session et en cas d'urgence, prendre par ordonnance-loi des dispositions qui sont normalement du domaine de la loi ;
- il assure la promulgation des lois dans les conditions déterminées par l'article 89 de la constitution ;
- il peut, après consultation du bureau de l'Assemblée nationale, prononcer la dissolution de celle-ci ;
- il assure l'exécution des lois et fait les règlements de police et d'administration publique. Il exerce ce pouvoir par voie d'ordonnance ;
- il est le garant de l'indépendance des cours et tribunaux. Il peut remettre, commuer ou réduire les peines ;
- il accrédite les ambassadeurs et envoyés extraordinaires des puissances étrangères. Il reçoit les lettres de créance des ambassadeurs et envoyés extraordinaires des puissances étrangères auprès de la République du Zaïre ;
- il confère les grades dans les ordres nationaux et les décorations nationales, conformément à la loi ;
- il a le droit de battre monnaie et d'émettre du papier monnaie, en exécution de la loi ;
- il déclare la guerre, après avis de l'Assemblée nationale. Il en informe la nation par un message. Lorsque la guerre est déclarée, le président de la République peut proclamer l'état de siège ;
- lorsque des circonstances graves menacent d'une manière immédiate l'indépendance ou l'intégrité de la nation ou qu'elles provoquent l'interruption du fonctionnement régulier des institutions de l'État, ou encore lorsqu'elles risquent de porter atteinte aux intérêts vitaux de l'État, le président de la République peut proclamer l'état d'urgence, après avis de l'Assemblée nationale. Il en informe la nation par un message ;

- lorsque l'état de siège ou d'urgence a été proclamé, le président de la République est habilité à prendre toutes les mesures exigées par les circonstances ;
- il peut notamment porter des restrictions à l'exercice des libertés individuelles et à la jouissance de certains droits fondamentaux dans les conditions déterminées par la constitution et par les lois ;
- il peut de même suspendre, sur tout ou partie du territoire national et pour la durée et les infractions qu'il détermine, l'action répressive des juridictions ordinaires et y substituer celle des juridictions militaires. Toutefois, il ne peut pas porter atteinte aux droits de la défense et recours en appel ;
- il communique avec l'Assemblée nationale et avec le peuple, soit directement, soit par des messages qu'il fait lire et qui ne donnent lieu à aucun débat. Il prononce au moins une fois par an un discours de politique générale ;
- il a partiellement l'initiative de réviser la constitution.

C. La fin des fonctions du président de la République

Les fonctions du président de la République prennent fin par démission, décès, empêchement définitif ou destitution. La Cour suprême de justice prend acte de la démission, constate le décès et l'empêchement définitif et prononce la destitution. Cependant, la Cour suprême de justice informe la nation par un message.

Lorsque la vacance est constatée par la Cour suprême de justice, les fonctions du président de la République sont provisoirement assumées par le président de l'Assemblée nationale.

L'élection du nouveau président de la République a lieu trente jours au moins et soixante jours au plus après l'ouverture de la vacance.

D. Les responsabilités du président de la République

Sa personne est inviolable. Il n'est pénalement responsable des actes accomplis dans l'exercice de ses fonctions qu'en cas de haute trahison.

Il ne peut être poursuivi pour les infractions aux lois pénales commises en dehors de ses fonctions que s'il a été mis en accusation par l'Assemblée nationale, se prononçant à la majorité des deux tiers de ses membres et au scrutin public. Il est alors traduit devant la Cour suprême de justice.

SECTION 2. L'ASSEMBLÉE NATIONALE

L'Assemblée nationale formant le corps législatif n'est composée que d'une chambre. Le mandat du député est national.

A. L'organisation

L'Assemblée nationale est constituée de députés élus au suffrage universel direct et au scrutin secret dans les circonscriptions électorales déterminées par la loi.

La durée du mandat est de cinq ans.

Pour être éligible à l'Assemblée nationale, il faut être Congolais ou Zaïrois, de sexe masculin ou féminin, avoir 25 ans révolus et ne pas se trouver dans un des cas d'inéligibilité prévus par la loi.

Les conditions requises pour être électeur sont les suivantes : il faut être Congolais, de sexe masculin ou féminin, âgé de 18 ans révolus à la date de la clôture définitive des rôles électoraux et n'étant frappé d'aucun des cas d'exclusion prévus par l'ordonnance-loi :

- les membres de l'armée et de la police nationale ne participent pas aux votes ;
- ne peuvent participer au vote les personnes qui, même figurant sur les rôles électoraux, sont au jour des élections : soit détenues, soit internées ou hospitalisées pour cause d'aliénation mentale, soit résidant à l'étranger.

B. Les attributions reconnues à l'Assemblée nationale

L'Assemblée nationale est l'institution chargée d'élaborer des lois et d'exercer le contrôle. Elle vérifie et valide les pouvoirs de ses membres. L'Assemblée nationale vote la loi dans les matières réservées à celle-ci par la constitution. L'initiative des lois appartient à chaque député, concurremment avec le président de la République.

En matière financière, l'Assemblée nationale examine et vote le budget. Les députés ont l'initiative des dépenses et des recettes lors de la discussion du budget, mais toute proportion tendant à augmenter les dépenses doit prévoir les voies et moyens nécessaires et toute proposition tendant à restreindre les recettes doit prévoir une diminution de dépenses correspondante.

En matière diplomatique, l'Assemblée nationale autorise la ratification de la plupart des traités et accords internationaux. La guerre ne peut être déclarée sans son autorisation.

L'Assemblée nationale dispose du pouvoir de contrôle sur le gouvernement, les cours et tribunaux et les services publics de l'État. Elle exerce ce contrôle soit par la question orale ou écrite, soit par l'interprétation, soit par les commissions d'enquête instituées en son sein. Les conditions d'organisation et de déroulement du contrôle de l'Assemblée nationale sont déterminées par la loi.

C. Le fonctionnement

L'Assemblée nationale se réunit en session ordinaire deux fois par an. La première session s'ouvre le premier lundi d'avril et prend fin le premier lundi de juillet ; la seconde s'ouvre le premier lundi d'octobre et prend fin le premier lundi de janvier.

L'Assemblée nationale se réunit en session extraordinaire sur convocation du président de la République ou sur celle de son président agissant à la demande d'un tiers au moins de ses membres. À l'ouverture de la session d'avril, l'Assemblée nationale élit son bureau qui comprend un président, deux vice-présidents et quatre secrétaires. L'Assemblée nationale ne peut discuter sur les questions inscrites à l'ordre du jour que si le tiers au moins de ses membres est présent. Sauf les cas où une majorité spéciale, calculée sur le nombre des membres qui la composent, est requise, elle vote valablement si la majorité absolue de ses membres est présente et si ses résolutions sont prises à la majorité absolue des suffrages. Ces règles constitutionnelles de fonctionnement sont complétées par un règlement d'ordre intérieur fixé par l'Assemblée elle-même.

Le président de la République déclare la clôture des sessions ordinaires sur proposition du bureau de l'Assemblée nationale et celle des sessions extraordinaires dès que l'Assemblée nationale a épuisé son ordre du jour.

D. Le statut des députés

Les députés jouissent de deux privilèges, généralement octroyés aux parlementaires, pour leur permettre de remplir sereinement leur mandat en toute indépendance d'esprit, à savoir : l'irresponsabilité et l'inviolabilité.

1. L'irresponsabilité

L'irresponsabilité protège le député contre toute action judiciaire qui pourrait lui être intentée dans l'exercice de ses fonctions. Aucun député ne peut être poursuivi, arrêté, détenu ou jugé en raison des opinions ou votes émis par lui dans l'exercice de ses fonctions.

2. L'inviolabilité

L'inviolabilité le protège contre les poursuites judiciaires intentées contre lui pour les actes accomplis en dehors de l'exercice de ses fonctions.

E. L'incompatibilité et la vacance

Le mandat d'un membre de l'Assemblée nationale est incompatible avec :

- le mandat du président de la République ;
- les fonctions de conseiller à la Cour constitutionnelle ;
- les fonctions de conseiller à la Cour des comptes ;
- les fonctions de magistrat ;
- les fonctions de gouverneur de province, commissaire provincial, gouverneur urbain, commissaire urbain ;
- les fonctions d'agent des administrations publiques ;
- tout autre mandat public électif ;
- le mandat de membre nommé d'une collectivité locale.

L'élu qui fait l'objet de l'une des incompatibilités doit opter, dans les huit jours de la notification de son élection, entre son mandat et les autres fonctions qu'il exerce.

En ce qui concerne la cessation du mandat d'un membre de l'Assemblée nationale, celui-ci prend fin par :

- la fin de la législature ;
- le décès ;
- la démission acceptée par l'Assemblée nationale ;
- l'incapacité physique permanente ;
- l'absence injustifiée à plus d'un quart du nombre total des séances d'une session ou lorsque le député tombe dans l'un des cas d'exclusion prévus par la loi électorale ;
- la perte de la nationalité congolaise ;

- l'acquisition d'une des qualités incompatibles avec le mandat de membre de l'Assemblée nationale.

SECTION 3. LE GOUVERNEMENT

Le gouvernement est composé d'un Premier ministre, des ministres et des secrétaires d'État. Il est l'institution chargée de l'exécution des lois et de la conduite de la politique de l'État. Il détermine la politique de l'État en accord avec le président de la République.

A. Le Premier ministre

Qui nomme le Premier ministre ? Quelles sont ses attributions ?

1. Sa nomination

Le Premier ministre est nommé par le président de la République. Il est le chef du gouvernement. Avant d'entrer en fonction, il prête serment devant le président de la République qui en donne acte.

2. Ses attributions

- le Premier ministre préside le conseil des ministres ;
- il dirige l'action du gouvernement ;
- il tient le président de la République pleinement informé de la conduite des affaires de l'État.

B. Les ministres et les secrétaires d'État

Qui nomme les ministres et les secrétaires d'État ?

Les ministres et les secrétaires sont nommés par le président de la République, sur proposition du Premier ministre.

C. Les pouvoirs reconnus à la fois au Premier ministre, aux ministres et aux secrétaires d'État

Du point de vue de l'attribution, le Premier ministre et les ministres statuent par voie d'arrêté.

Du point de vue de la cessation des fonctions, le Premier ministre, les ministres et les secrétaires d'État sont démissionnaires chaque fois que les fonctions du président de la République prennent fin ou en cas de vacance créée par la démission, l'empêchement définitif, le décès ou la révocation du Premier ministre.

À ce titre, le gouvernement expédie les affaires courantes jusqu'à la formation d'un nouveau gouvernement.

Du point de vue des responsabilités, le gouvernement est responsable devant l'Assemblée nationale. Autrement dit, le Premier ministre, les ministres et les secrétaires d'État répondent de leurs actes devant l'Assemblée nationale.

Les membres du gouvernement ne peuvent être poursuivis qu'après autorisation du président de la République ou pour les actes commis dans l'exercice de leurs fonctions que s'ils sont mis en accusation par ce dernier ou par l'Assemblée nationale.

SECTION 4. LES COURS ET TRIBUNAUX

L'ensemble des cours et tribunaux forme le pouvoir judiciaire.

A. Leur composition

L'ensemble des cours et tribunaux comprend : la Cour suprême de justice, le conseil de guerre général, les cours d'appel, la cour de sûreté de l'État, les tribunaux et les conseils de guerre.

B. Leur mission

La mission des cours et tribunaux consiste à dire le droit. Cependant, le magistrat, dans l'exercice de la mission, est indépendant de tout pouvoir.

Ils rendent les arrêts et jugements ainsi que les ordonnances au nom du président de la République.

Puisque la Cour suprême de justice est au-dessus des autres juridictions, elle remplit une mission spéciale : elle connaît des recours en appréciation de la constitutionnalité des lois et des actes ayant force de loi, ainsi que des recours en interprétation de la constitution des pourvois en cassation formés contre les décisions rendues en dernier ressort par les cours et tribunaux et des recours en annulation des actes et des décisions des autorités centrales de la République, ainsi que des contestations pouvant naître des élections présidentielles, législatives et du référendum.

Elle est aussi compétente pour juger, en premier et en dernier ressort, que le président de la République, les députés, les membres du gouvernement, les magistrats de la Cour suprême de justice et du parquet général de la République, les gouverneurs de région et les présidents des assemblées régionales.

En cas de renvoi après cassation, les cours et tribunaux inférieurs sont tenus de se conformer à l'arrêt de la Cour suprême de justice sur le point de droit par cette dernière.

Elle est également compétente pour prendre acte de la démission du président de la République, constater son décès ou son empêchement définitif et prononcer sa destitution.

Elle donne les avis consultatifs sur les projets ou propositions de loi ou d'actes réglementaires.

CHAPITRE XII

Les institutions politiques sous la Troisième République (constitution du 18 février 2006)

Les institutions politiques actuelles sont issues de la nouvelle constitution promulguée le 18 février 2006 par le président Joseph Kabila.

Ceci est le résultat de nombreuses crises politiques récurrentes dont l'une des causes fondamentales est la contestation de la légitimité des institutions et de leurs animateurs.

Le douzième chapitre étudie les institutions centrales de la Troisième République en quatre sections :

- la première section analyse le pouvoir exécutif ;
- la deuxième section étudie le pouvoir législatif ;
- la troisième section examine le pouvoir judiciaire ;
- la quatrième section traite des institutions d'appui à la démocratie.

SECTION 1. LE POUVOIR EXÉCUTIF

Au sens strict, le pouvoir exécutif est celui qui assure l'exécution des lois, pour laquelle le gouvernement détient le pouvoir propre de prendre des décisions exécutoires. Mais ce pouvoir ne se réduit pas à l'exécution d'une disposition législative particulière, il englobe la continuité de la vie nationale. Il s'ensuit que le pouvoir exécutif ainsi entendu ne se trouve pas dans un rapport de subordination avec le pouvoir législatif, mais dans un rapport de corrélation[53].

En ce qui concerne le pouvoir exécutif, il est scindé en deux :
- le président de la République ;
- le gouvernement.

A. Le président de la République

Il est présenté comme la clé de voûte des institutions. Il occupe effectivement une place primordiale à part dans le paysage constitutionnel de la République démocratique du Congo ; il est celui qui doit éviter le retour de tout risque de restauration dictatoriale au pays. Il assure par son arbitrage le fonctionnement régulier des pouvoirs publics ainsi que la continuité de l'État.

Par définition, le président de la République est un organe suprême de l'exécutif représentant l'État sur la scène internationale et investi d'une autorité morale ou régulatrice au sein des pouvoirs publics[54].

1. Son élection

Le président de la République est élu pour cinq ans au suffrage universel direct. Il est élu à la majorité absolue des suffrages exprimés. Si celle-ci n'est pas obtenue au premier tour du scrutin, il est procédé à un second tour, dans un délai de quinze jours. Ce second tour est ouvert seulement aux deux candidats ayant réuni le plus grand nombre de suffrages exprimés. Si l'un des deux candidats se désiste, le scrutin est ouvert au candidat venant après l'ordre des suffrages exprimés.

Est déclaré élu au second tour le candidat ayant recueilli la majorité des suffrages exprimés. Il n'est rééligible qu'une seule fois.

Conditions d'éligibilité aux fonctions de président de la République : il faut être de nationalité congolaise d'origine et jouir de tous ses droits civiques et politiques, être âgé de 30 ans au moins, ne pas se trouver dans un des cas d'exclusion prévus par la loi électorale. Dans le contexte actuel, c'est-à-dire les élections

[53] AVRIL (Pierre) et GICQUEL (Jean), *Lexique de Droit constitutionnel*, PUF, Paris, 2003, p. 89.
[54] CABRILLAC (Rémy), *Dictionnaire du vocabulaire juridique*, éditions LITEC, Paris, 2004, p. 67.

présidentielles prévues le 31 juillet 2006, afin d'éviter les candidatures fantaisistes et moins sérieuses, la commission électorale indépendante a examiné les dossiers de tous les candidats. Il est vrai que de nombreux dossiers ont été écartés par manque de sérieux. Une fois les conditions réunies, chaque candidat doit s'acquitter d'une somme de 50 000 dollars.

Financement de la campagne électorale : les candidats sont tenus d'engager un certain montant de dépenses pour financer leur campagne. Hormis les sommes engagées par les candidats, l'article 6 de la constitution de la Troisième République stipule que les partis politiques peuvent recevoir de l'État des fonds publics à financer leurs campagnes électorales ou leurs activités, dans les conditions prévues par la loi.

Déroulement de la campagne : pendant la campagne, les candidats doivent être traités de la même façon en termes de moyens de propagande (affichage...) et d'accès aux médias audiovisuels (même temps de parole, sous contrôle du CSAC). Le gouvernement en place ne peut en aucun cas avantager un candidat.

L'entrée en fonction du président de la République se déroule ainsi : le président de la République élu entre en fonction dans les dix jours après la proclamation officielle des résultats de l'élection présidentielle. Avant d'entrer en fonction, il prête devant la Cour constitutionnelle le serment suivant :

« Moi... élu président de la République démocratique du Congo, je jure solennellement devant Dieu et la nation :

- d'observer et de défendre la constitution et les lois de la République ;
- de maintenir son indépendance et l'intégrité de son territoire ;
- de sauvegarder l'unité nationale ;
- de ne me laisser guider que par l'intérêt général et le respect des droits de la personne ;
- de consacrer toutes forces à la promotion du bien commun et de la paix ;
- de remplir loyalement et en fidèle serviteur du peuple les hautes fonctions qui me sont confiées. »

Il convient de souligner qu'avant l'entrée en fonction et à l'expiration de celle-ci, le président de la République et les autres membres du gouvernement sont tenus de déposer devant la Cour constitutionnelle la déclaration écrite de leur patrimoine familial, énumérant leurs biens meubles, y compris actions, parts sociales, obligations, autres valeurs, comptes en banque, et leurs biens immeubles, y compris terrains non bâtis, forêts, plantations et terres agricoles, mines et tous autres immeubles avec indication des titres pertinents (art. 99).

En ce qui concerne le patrimoine familial, il inclut les biens du conjoint selon le régime matrimonial, des enfants mineurs, même majeurs, à charge du couple. Cette démarche étant effectuée, la Cour constitutionnelle communique cette déclaration à l'administration fiscale. Faute de cette déclaration, endéans les trente jours, la personne concernée est réputée démissionnaire.

Si cela n'a pas été honnêtement fait à son entrée en fonction, c'est-à-dire dans les trente jours suivant la fin des fonctions, faute de cette déclaration, en cas de déclaration frauduleuse ou soupçon d'enrichissement sans cause, la Cour constitutionnelle ou la Cour de cassation est saisie selon le cas.

2. Les attributions du président de la République

Selon l'article 79 de la constitution, « les ordonnances du président de la République autres que celles prévues aux articles 78 alinéa premier 80, 84 et 143 sont contresignées par le Premier ministre ». Parmi les attributions du président de la République, il convient donc de distinguer les pouvoirs reconnus à la fois au président de la République et au gouvernement (sous la conduite du Premier ministre) et ses pouvoirs propres. Ici, le contreseing peut être considéré comme une seconde signature apposée à côté de celle de l'auteur d'un acte. Il constitue le second trait caractéristique d'un régime parlementaire. Cela signifie que « l'acte du chef de l'État est contresigné par le chef du gouvernement, qui accepte donc d'en dosser la responsabilité. C'est une procédure d'ailleurs très logique dans la mesure où c'est bien ce dernier qui dispose de la véritable autorité dans un régime parlementaire classique »[55]. Dans certaines circonstances, les actes du Premier ministre sont contresignés, le cas échéant, par les ministres chargés de leur exécution qui sont ainsi associés à la décision.

---

[55] KADA (Nicolas), *Lexique de Droit constitutionnel*, éditions Ellipses, Paris, p. 25.

2.1. Les pouvoirs reconnus à la fois au président de la République et au gouvernement (sous la conduite du Premier ministre)

Les pouvoirs reconnus à la fois au président de la République et au gouvernement sont ceux dont l'exercice nécessite le contreseing du Premier ministre. Cela suppose que le président de la République obtienne l'accord du Premier ministre.

Étant donné que le président de la République n'est pas politiquement responsable de ses ordonnances devant le Parlement, celles-ci doivent normalement être contresignées par le Premier ministre qui en endosse la responsabilité devant le Parlement. C'est ce qui explique qu'en régime parlementaire, les pouvoirs dont le chef de l'État est titulaire sont normalement exercés par le gouvernement qui est politiquement responsable devant le Parlement, élu au suffrage universel, et disposant de la confiance des représentants du peuple souverain, qui peut l'obliger à démissionner, soit à l'initiative du gouvernement lui-même (question de confiance par laquelle le gouvernement fait pression sur l'assemblée et menace de démissionner si celle-ci rejette le texte qu'il lui propose) soit sur l'initiative parlementaire (motion de censure).

Les pouvoirs énumérés aux articles 78 alinéas, 80, 84 et 143 contresignés par le Premier ministre sont les suivants :

- le président de la République nomme le Premier ministre au sein de la majorité parlementaire après consultation de celle-ci. Il met fin à ses fonctions sur présentation de la démission du gouvernement (art. 78, alinéa premier) ;
- le président de la République investit par ordonnance les gouverneurs et les vice-gouverneurs de province élus, dans un délai de quinze jours conformément à l'article 198 (art. 80) ;
- le président de la République confère les grades dans les ordres nationaux et les décorations, conformément à la loi (art.84) ;
- conformément aux dispositions de l'article 86 de la constitution, le président de la République déclare la guerre sur décision du conseil des ministres, après avis du conseil supérieur de la défense et autorisation des deux chambres (art. 143). Il en informe la nation par un message. Ici, le message est un acte du président de la République non contresigné par le chef du gouvernement, au moyen duquel il communique avec la nation.

2.2. Les pouvoirs ou les attributions reconnus uniquement au président de la République

Les pouvoirs ou les attributions reconnus uniquement au président de la République sont ceux ou celles que le président de la République exerce sans le contreseing du Premier ministre ou ministériel. Autrement dit, ce sont ceux ou celles pour l'exercice desquels le président de la République n'a pas à obtenir l'accord du gouvernement ou d'un ministre matérialisé par le contreseing. C'est l'un des progrès de cette constitution dans la fonction présidentielle.

Les attributions propres au président de la République sont :

- étant le chef de l'État, il est le gardien de la constitution ;
- il incarne l'unité nationale et représente la nation ;
- il est le garant de l'indépendance nationale, de l'intégrité du territoire, de la souveraineté nationale et du respect des traités et accords internationaux ;
- il promulgue les lois dans les conditions prévues par la présente constitution. Il statue par voie d'ordonnance.

Remarque : l'ordonnance est un acte réglementaire signé par le président de la République. Contrairement à la loi qui est promulguée, une ordonnance est publiée.

- le président de la République nomme, relève de leurs fonctions et, le cas échéant, révoque, par ordonnance, les magistrats du siège et du parquet sur proposition du conseil supérieur de la magistrature ;
- il est le commandant suprême des forces armées. Il préside le conseil supérieur de la défense ;
- il exerce le droit de grâce. Il peut remettre, commuer ou réduire les peines ;
- il accrédite les ambassadeurs et les envoyés extraordinaires auprès des États étrangers et des organisations internationales. Les ambassadeurs et les envoyés extraordinaires étrangers sont accrédités auprès de lui.

3. La responsabilité du président de la République

L'expression est nouvelle, car elle contredit toute une tradition qui veut que le chef de l'État n'ait pas à rendre compte des actes accomplis dans l'exercice de ses fonctions, sauf en cas de haute trahison. Cette responsabilité subsiste effectivement dans les régimes purement parlementaires, mais dans le pays où il est élu au suffrage universel, le président de la République s'engage naturellement sur un programme et répond de sa réalisation devant le peuple[56].

Il ne s'agit cependant pas là d'une responsabilité constitutionnellement organisée. Cela se comprend dans les régimes où, malgré son élection populaire, le chef de l'État a conservé le statut d'un arbitre encore obligé de faire contresigner la plupart de ses décisions par le gouvernement et ne pouvant être ni révoqué ni critiqué tout au long de son mandat présidentiel[57].

Partant de cette explication, il faut distinguer deux responsabilités :

- la responsabilité politique ;
- la responsabilité pénale.

3.1. La responsabilité politique

Le président de la République n'est pas, politiquement, responsable devant le Parlement. Le Parlement ne peut destituer le président. Seul le gouvernement est politiquement responsable devant l'Assemblée nationale. Cela signifie que l'Assemblée nationale peut renverser le gouvernement. Si l'on se rapporte à ce raisonnement, la constitution de la Troisième République promulguée le 18 février 2006 se conforme ainsi au schéma du régime parlementaire puisque l'exécutif est bicéphale avec :

- un président de la République, non responsable politiquement ; c'est celui qui assure par son arbitrage le fonctionnement régulier des pouvoirs publics et des institutions ainsi que la continuité de l'État (art. 69). Cela signifie que le président de la République se contente de s'assurer du respect des règles constitutionnelles par les acteurs politiques ; dans un sens fort, l'arbitrage recouvre au contraire une intervention déterminante dans la direction du pays ;
- un Premier ministre qui conduit l'action gouvernementale. C'est le gouvernement, responsable devant l'Assemblée nationale (art. 91), qui détermine et conduit la politique de la nation (art. 91).

---

[56] DUHAMEL (Olivier) et MENY (Yves), *Dictionnaire constitutionnel*, PUF, Paris, 1992, p. 929.

[57] DUHAMEL (Olivier) et MENY (Yves), *Dictionnaire constitutionnel*, op. cit., p. 929.

3.2. La responsabilité pénale

Selon l'article 165 de la constitution, le président de la République n'est responsable de ses actes accomplis dans l'exercice de ses fonctions qu'en cas de haute trahison. Il convient de souligner que la haute trahison dont mentionne l'article 165 se résume dans les termes suivants :

- il y a haute trahison lorsque le président de la République a violé intentionnellement la constitution ou lorsque lui ou le Premier ministre sont reconnus auteurs, co-auteurs ou complices de violations graves et caractérisées des droits de l'homme, de cession d'une partie du territoire national ;
- il y a atteinte à l'honneur ou à la probité notamment lorsque le comportement personnel du président de la République ou du Premier ministre est contraire aux bonnes mœurs ou qu'ils sont reconnus auteurs, co-auteurs ou complices de malversations, de corruption ou d'enrichissement illicite ;
- il y a délit d'initié dans le chef du président de la République ou du Premier ministre lorsqu'il effectue des opérations sur des valeurs immobilières ou sur des marchandises à l'égard desquelles il possède des informations privilégiées et dont il tire profit avant que ces informations soient connues du public. Le délit d'initié englobe l'achat ou la vente d'actions fondées sur des renseignements qui ne seraient jamais divulgués aux actionnaires.

Cet article fait appel à deux remarques.

Il s'agit ici du pendant de la procédure d'*impeachment*, qui existe bel et bien dans la constitution américaine. Initié pour la première fois en Grande-Bretagne, l'*impeachment* est « une procédure judiciaire de mise en accusation par laquelle la chambre des communes décidait le renvoi pour jugement devant les Lords, utilisée à l'encontre des ministres avant que ne s'établisse leur responsabilité devant le Parlement dont elle a servi à affirmer la primauté politique à la fin du XVIIe siècle »[58].

Transposée dans la constitution américaine de 1787, où la mise en accusation visant le président et tous les fonctionnaires civils (y compris les juges) est prononcée par la Chambre des représentants, elle renvoie pour jugement devant le Sénat.

---

[58] AVRIL (Pierre) et GICQUEL (Jean), op. cit, p. 61.

Par définition, l'*impeachment* est « une procédure parlementaire de destitution du président, du vice-président et des fonctionnaires fédéraux qui existe aux États-Unis et que certains projets de révision constitutionnelle envisagent d'introduire en France, afin de pallier les carences et limites actuelles à la mise en jeu de la responsabilité personnelle du chef de l'État pendant l'exercice de son mandat[59] ».

Aux États-Unis, le congrès peut donc mettre en accusation l'exécutif et prononcer l'empêchement des plus hautes autorités de l'État pour « trahison, corruption, crime contre la chose publique ou délit grave » (art. 4 de la constitution fédérale américaine). C'est la Chambre des représentants qui décide de l'inculpation et le Sénat s'érige, quant à lui, en Haute Cour présidée par le Chief justice de la Cour suprême fédérale. Il peut alors prononcer la destitution du président, tout en laissant ouverte la possibilité de poursuites judiciaires.

Dans le contexte actuel de la République démocratique du Congo, selon l'article 166 de la constitution, la procédure se déroule en deux étapes :

- la décision de poursuites ainsi que la mise en accusation du président de la République et du Premier ministre sont votées à la majorité de deux tiers des membres du Parlement composant le Congrès suivant la procédure prévue par le règlement intérieur ;
- ensuite, il est jugé par la Cour constitutionnelle. En cas de condamnation, le président de la République est déchu de ses charges. La déchéance est prononcée par la Cour constitutionnelle (art. 167). Toutefois, aucun président de la République ou Premier ministre n'a été traduit devant une haute juridiction.

En dehors de cette remarque, la responsabilité du président de la République ne peut être mise en cause. Il est sûr et certain que pendant la durée de son mandat, il ne peut en aucun cas être inquiété.

4. En cas de vacance ou d'empêchement définitif

Selon les articles 75 et 76 de la constitution, « en cas de vacance pour cause de décès, de démission ou pour toute autre cause

[59] KADA (Nicolas), op. cit., p. 57.

d'empêchement définitif, les fonctions du président de la République, à l'exception de celles mentionnées aux articles 78, 81 et 82, sont provisoirement exercées par le président du Sénat (art. 75) ».

« La vacance de la présidence de la République est déclarée par la Cour constitutionnelle saisie par le gouvernement. Le président de la République par intérim qui n'est que le président du Sénat veille à l'organisation de l'élection du nouveau président de la République dans les conditions et les délais prévus la constitution. »

« En cas de vacance ou lorsque l'empêchement est déclaré définitif par la Cour constitutionnelle, l'élection du nouveau président de la République a lieu sur convocation de la commission électorale indépendante dans le contexte actuel, soixante jours au moins et quatre-vingt-dix jours au plus après l'ouverture de la vacance ou de la déclaration du caractère définitif de l'empêchement. »

« En cas de force majeure, ce délai peut être prolongé à cent vingt jours au plus par la Cour constitutionnelle saisie par la commission électorale indépendante. Ainsi, le nouveau président de la République élu commence un nouveau mandat (art. 76). »

5. L'incompatibilité avec le poste de président de la République

Par définition, l'incompatibilité est « une interdiction pour une personne de cumuler une fonction élective avec d'autres mandats électifs ou avec certaines activités professionnelles ou publiques[60] ».

Selon l'article 96 de la constitution, « les fonctions de président de la République sont incompatibles avec l'exercice de tout autre mandat électif, de tout emploi public, civil ou militaire et de toute activité professionnelle. Le mandat du président de la République est également incompatible avec toute responsabilité au sein d'un parti politique ».

Il est vrai aussi que durant ses fonctions, le président de la République ne peut entreprendre une démarche quelconque par lui-même ou par une personne interposée, ni acheter ni acquérir d'aucune autre façon, ni prendre en bail un bien qui appartient au domaine de l'État, des provinces ou des entités décentralisées. Il ne

[60] CABRILLAC (Rémy), op. cit, p. 213.

peut prendre part directement ou indirectement aux marchés publics au bénéfice des administrations ou des institutions dans lesquelles le pouvoir central, les provinces et les entités administratives décentralisées ont des intérêts.

Le président de la République étant passé en revue, il est grand temps d'examiner le gouvernement d'après la constitution promulguée le 18 février 2006.

B. Le gouvernement

Le gouvernement est l'organe collégial composé, dans un régime parlementaire, du Premier ministre et des ministres assurant la détermination et la conduite de la politique de l'État. Comme on peut le constater, le chef de l'État ne fait pas partie du gouvernement, bien qu'il préside le conseil des ministres.

Il faut donc comprendre que le gouvernement exécute ou applique les lois votées par le souverain. Le souverain sous-entend le peuple. Donc, le gouvernement est en ce sens le moyen terme entre le peuple souverain (qui vote des lois) et le peuple sujet (auquel ces lois s'appliquent). C'est donc un corps particulier (et non universel, comme le souverain) qui peut être tenté, comme tel, d'abuser de son pouvoir, c'est-à-dire de confisquer à son profit la volonté générale. Le gouvernement est néanmoins un mal nécessaire dans la mesure où, bien qu'indispensable pour faire appliquer la volonté du souverain, il est toujours tenté de faire contre celui-ci, c'est-à-dire de se substituer au souverain, de substituer sa propre volonté particulière à la volonté générale[61].

Dans le cas de la République démocratique du Congo, le gouvernement est composé du Premier ministre, de ministres, de vice-ministres d'État et, le cas échéant, d'un vice-Premier ministre, de ministres d'État et de ministres délégués.

Il est dirigé par le Premier ministre, le chef du gouvernement. En cas d'empêchement, son intérim est assuré par le membre du gouvernement qui a la préséance.

Il faut savoir que les émoluments des membres du gouvernement sont fixés par la loi des finances. Le Premier ministre bénéficie, en outre, d'une dotation (des dotations regroupent des crédits budgétaires bénéficiant d'un statut

---

[61] BUSNEL (François), GROLLEAU (Frédéric), TELLIER (Frédéric) et ZARADER (Jean-Pierre), *Les mots du pouvoir. Précis de vocabulaire*, éditions VINCI, Paris, 1995, p. 220.

dérogatoire ; ainsi, les crédits des pouvoirs publics sont regroupés en dotations ; elles permettent de faire face à des dépenses imprévues et sont regroupées dans une même mission).

1. La composition du gouvernement

Selon l'article 90 de la constitution, la composition du gouvernement tient compte de la représentative nationale. Cela veut dire que l'unité du pouvoir de l'État se dégage de la diversité sociale.

1.1. La nomination du Premier ministre

Selon l'article 78 de la constitution, alinéa 1, « le président de la République nomme le Premier ministre au sein de la majorité parlementaire, après consultation de celui-ci, et, donc, qui le choisit. Il met fin à ses fonctions sur présentation par celui-ci de la démission du gouvernement. Si une telle majorité n'existe pas, le président de la République peut confier une mission d'information à une personnalité en vue d'identifier une coalition (art. 78 de la constitution, alinéa 2). La mission d'information est de trente jours renouvelable une seule fois (art. 78 de la constitution, alinéa 3). »

Avant d'entrer en fonction, le Premier ministre présente à l'Assemblée nationale le programme du gouvernement. Lorsque ce programme est approuvé à la majorité absolue des membres qui composent l'Assemblée nationale, celle-ci investit le gouvernement. Ce qu'il faut retenir, c'est que la constitution promulguée le 18 février 2006 offre à la République démocratique du Congo un régime parlementaire. Cela signifie que le gouvernement est responsable devant la Chambre des représentants. Ce n'est pas par hasard que le président de la République doit nommer un Premier ministre qui a la confiance de la majorité parlementaire.

Mention spéciale : comme pour le président de la République, l'article 99 de la constitution déclare que le Premier ministre et les autres membres du gouvernement sont tenus de déposer devant la Cour constitutionnelle la déclaration écrite de leur patrimoine familial, énumérant leurs biens meubles, y compris actions, parts sociales, obligations, autres valeurs, comptes en banque, et leurs biens immeubles, y compris terrains non bâtis, forêts, plantations et terres agricoles, mines et tous autres immeubles, avec indication des titres pertinents.

Le patrimoine familial inclut les biens du conjoint selon le régime matrimonial, des enfants mineurs et des enfants, même majeurs, à charge du couple.

La Cour constitutionnelle se charge de communiquer cette déclaration à l'administration fiscale. Faute de cette déclaration, endéans les trente jours, la personne concernée est réputée démissionnaire.

Dans les trente jours suivant la fin des fonctions, faute de cette déclaration, en cas de déclaration frauduleuse ou de soupçon d'enrichissement sans cause, la Cour constitutionnelle pour le Premier ministre, ou la Cour de cassation pour les ministres et les autres membres du gouvernement, est saisie selon le cas.

1.2. La nomination des autres membres du gouvernement

Aux termes de l'article 78, alinéa 4 de la constitution, le président de la République nomme les autres membres du gouvernement et met fin à leurs fonctions « sur proposition du Premier ministre ».

Il convient de souligner que le président de la République joue un rôle déterminant dans la composition du gouvernement. Il est évident que le Premier ministre fasse un certain nombre de propositions sur la nomination de tel ou tel ministre. Mais le dernier mot revient au président de la République d'y donner ou de ne pas y donner suite. En outre, le président de la République peut imposer un certain nombre de ministres à son Premier ministre.

2. La fin du gouvernement

L'article 78 de la constitution impose deux cas de figure.

2.1. La démission du gouvernement

Comme la République démocratique du Congo est un régime parlementaire, la démission du gouvernement doit être considérée comme une sanction découlant de la mise en jeu de la responsabilité collective des ministres par l'Assemblée nationale ou, en pratique, sur l'initiative du président de la République.

En outre, la tradition constitutionnelle issue du régime parlementaire veut qu'au lendemain d'élections nationales, le gouvernement présente sa démission, afin de respecter la volonté exprimée par le souverain (le peuple).

L'article 78 alinéa 1 de la constitution déclare que le président de la République met fin aux fonctions du Premier ministre « sur la présentation par celui-ci de la démission du gouvernement ».

Il peut arriver à un certain moment que le Premier ministre remette la démission de son gouvernement après de nouvelles élections présidentielles ou législatives :

- en ce qui concerne par exemple l'élection présidentielle, le président de la République nouvellement élu procède à la nomination d'un nouveau Premier ministre pour que la tradition républicaine soit respectée ;
- en revanche, si les élections législatives sont favorables à la majorité présidentielle, le président de la République va, en général, confirmer son Premier ministre, qu'il obligera de former un nouveau gouvernement. Il peut également profiter de l'occasion pour nommer un nouveau Premier ministre ;
- si les élections législatives sont défavorables au camp présidentiel, le président de la République accepte sa défaite, c'est-à-dire prend acte du verdict des urnes et nomme un Premier ministre qui sera issu de la nouvelle majorité parlementaire. Il arrive également que les deux têtes de l'exécutif soient en désaccord. Cela veut dire que le Premier ministre peut démissionner, lorsqu'il est en désaccord profond avec le président de la République. Le désaccord peut être causé par la situation politique et socio-économique du pays, le Premier ministre soucié ne peut pas continuer à accomplir correctement sa tâche et opte à la démission.

2.2. La démission ou la révocation des ministres

L'article 78, alinéa 4 de la constitution stipule que le président de la République met fin aux fonctions des ministres sur la proposition du Premier ministre. C'est dans cette optique que les ministres peuvent démissionner, mais ils peuvent aussi être révoqués.

La démission des ministres

Pour des raisons politiques, un ministre peut démissionner. Cela suppose que le ministre soit en désaccord avec la politique poursuivie par le gouvernement ou le président de la République. La tradition veut aussi que tout ministre mis en examen doive démissionner. Est-ce que cela va marcher pour la République démocratique du Congo, si l'on se rapporte à la culture politique de ce pays ?

La révocation des ministres

Le président de la République peut mettre fin aux fonctions d'un ministre sur proposition du Premier ministre. Le ministre est surtout révoqué pour manquement au principe fondamental de la solidarité gouvernementale. En régime parlementaire, la solidarité gouvernementale est « une unité de conception et de dessein des ministres qui a pour sanction leur responsabilité collective concernant la politique du gouvernement[62] ».

3. La responsabilité du gouvernement

L'article 62 de la constitution stipule que « nul n'est censé ignorer la loi. Toute personne est tenue de respecter la constitution et de se conformer aux lois de la République. » Le Premier ministre et les ministres de la République ne sont pas au-dessus des lois.

Sur la responsabilité du gouvernement, deux remarques s'imposent :

- pour le Premier ministre, la décision de la mise en accusation est votée à la majorité de deux tiers des membres du Parlement composant le Congrès suivant la procédure prévue par le règlement intérieur (art. 166, alinéa 1). À cet effet, seule la Cour constitutionnelle est compétente pour juger pénalement le Premier ministre ;
- pour les ministres et les autres membres du gouvernement, la décision de poursuites ainsi que la mise en accusation des membres du gouvernement sont votées à la majorité absolue des membres composant l'Assemblée nationale, suivant la procédure prévue par le règlement intérieur (art. 166, alinéa 2). Les membres du gouvernement mis en accusation présentent leur démission. Seule la Cour de cassation est compétente pour connaître en premier et en dernier ressort les infractions commises par les membres du gouvernement.

---

[62] AVRIL (Pierre) et GICQUEL (Jean), op. cit., p. 113.

Ce qu'il faut retenir :

- la mise en accusation du Premier ministre est l'œuvre du Parlement composant le Congrès ;
- la mise en accusation des ministres et des autres membres du gouvernement est l'œuvre de l'Assemblée nationale.

4. Les incompatibilités des membres du gouvernement

Selon les articles 97 et 98 de la constitution, « les fonctions de Premier ministre et de membres du gouvernement sont incompatibles avec l'exercice de tout mandat électif, de tout emploi public, civil ou militaire et de toute activité professionnelle à l'exception des activités agricoles, artisanales, culturelles, d'enseignement et de recherche. Elles sont également incompatibles avec toute responsabilité au sein d'un parti politique (art. 97) ; durant leurs fonctions, le Premier ministre et les membres du gouvernement ne peuvent par eux-mêmes ou par une personne interposée ni acheter ni acquérir d'aucune autre façon, ni prendre en bail un bien qui appartient au domaine de l'État, des provinces ou des entités décentralisées. Ils ne peuvent prendre part directement ou indirectement aux marchés publics au bénéfice des administrations ou des institutions dans lesquelles le pouvoir central, les provinces et les entités administratives décentralisées ont des intérêts (art. 98). »

5. Les attributions des membres du gouvernement

Le gouvernement définit, en concertation avec le président de la République, la politique de la nation et en assume la responsabilité. Il conduit la politique de la nation. Il dispose, en étroite collaboration avec le président de la République, de la défense, de la sécurité et des Affaires étrangères. Par ailleurs, il dispose de l'administration publique, des forces armées, de la police nationale et des services de sécurité.

Le Premier ministre est le chef du gouvernement ; à ce titre, il dirige et coordonne l'action gouvernementale. À cet effet, il assure l'exécution des lois et dispose du pouvoir réglementaire sous réserve des prérogatives dévolues au président de la République par la présente constitution. Il statue par voie de décret (un décret étant un acte réglementaire à caractère général et impersonnel ou une décision individuelle, par exemple le cas d'un décret de nomination, pris par le Premier ministre, éventuellement contresigné par les ministres concernés par son application...). Il ne nomme, par décret délibéré en conseil des ministres, aux emplois civils et militaires autres que ceux pourvus par le président de la République. Il peut déléguer certains de ses pouvoirs aux ministres. Il supplée, le cas échéant, le président de la République à la présidence du conseil des ministres. Il le supplée pour la présidence du conseil des ministres, en vue d'une délégation expresse et pour un ordre du jour déterminé. Les actes du Premier ministre sont contresignés, le cas échéant, par les ministres chargés de leur exécution.

Le ministre est responsable de son département. Il applique le programme gouvernemental dans son ministère, sous la direction et la coordination du Premier ministre. Il statue par voie d'arrêté (un arrêté étant un acte de nature réglementaire ou porteur d'une décision individuelle prise par le ministre). Les vice-ministres exercent sous l'autorité des ministres auxquels ils sont adjoints les attributions qui leur sont conférées par l'ordonnance portant organisation et fonctionnement du gouvernement. Ils assument l'intérim des ministres en cas d'absence ou d'empêchement.

Ce qu'il faut retenir :

- le Premier ministre statue par voie de décret ;
- le ministre statue par voie d'arrêtés ;
- le gouvernement est à la fois responsable devant le président de la République et l'Assemblée nationale.

6. Les relations entre le gouvernement et la caisse nationale de péréquation

La caisse nationale de péréquation est une institution placée sous la tutelle du gouvernement central qui a pour mission de financer des projets et programmes d'investissement public, en vue d'assurer la solidarité nationale et de corriger les déséquilibres de développement entre les provinces et entre les autres entités territoriales décentralisées.

Son budget est alimenté par le trésor public, à concurrence de dix pour cent de la totalité des recettes à caractère national donnés à l'État chaque année.

SECTION 2. LE POUVOIR LÉGISLATIF

Le pouvoir législatif désigne traditionnellement le Parlement, qui vote la loi, bien que cette appellation ne rende pas compte de son pouvoir politique : il contrôle le gouvernement responsable devant lui. Dans le cas de la République démocratique du Congo, le gouvernement est responsable devant l'Assemblée nationale.

D'après Kelsen, le Parlement est le destin de la démocratie. Il constitue « la ou les chambres (dans un système titulaire de la fonction délibérante et, par extension de langage, du pouvoir législatif). Dans un régime de type parlementaire, le parlementaire dispose en outre de la fonction de contrôle du gouvernement. »[63]

D'après la constitution promulguée le 18 février 2006, le Parlement est constitué de l'Assemblée nationale et du Sénat, mais son bicamérisme est relativement inégalitaire.

Puisque le bicamérisme est inégalitaire, il est normal que l'Assemblée nationale puisse seule mettre en cause la responsabilité du gouvernement et, à la demande de celui-ci, puisse statuer définitivement, en cas de désaccord avec le Sénat, sur l'adoption des lois. Comme l'a dit René Monory, le président du Sénat français : « Lorsqu'une liberté publique est en cause, deux chambres, c'est deux chances. »

Cette mise au point étant faite, le législatif de la République démocratique du Congo est exercé par un Parlement.

Le Parlement vote des lois. Il contrôle le gouvernement, les entreprises publiques ainsi que les établissements et les services publics.

Chacune des chambres jouit de l'autonomie administrative et financière et dispose d'une dotation propre.

A. La structure bicamérale

La constitution du 18 février 2006 offre à l'institution parlementaire une structure bicamérale. Le Parlement est donc composé de deux chambres : l'Assemblée nationale et le Sénat. La réunion entre l'Assemblée nationale et le Sénat constitue le Congrès.

L'Assemblée nationale, le Sénat et le Congrès siègent à Kinshasa, ainsi que les pouvoirs publics.

Pour le moment, rien n'a filtré, la constitution du 18 février 2006 ne parle pas du transfert de siège de ces derniers. Si cela se passe, il est certain que le gouvernement prendra les mesures nécessaires pour permettre aux deux assemblées de siéger à proximité du lieu

[63] KADA (Nicolas), op. cit., p. 81.

où se trouve le président de la République et le gouvernement lui-même.

B. Les règlements des assemblées (l'Assemblée nationale et le Sénat)

Chaque chambre élabore et adopte son propre règlement intérieur. Ce dernier détermine notamment :

- la durée et les règles de fonctionnement du bureau, les pouvoirs et prérogatives de son président ainsi que les autres membres du bureau ;
- le nombre, le mode de désignation, la composition, le rôle et la compétence de ses commissions permanentes ainsi que la création et le fonctionnement des commissions spéciales et temporaires ;
- l'organisation des services administratifs dirigés par un secrétaire général de l'administration publique de chaque chambre ;
- le régime disciplinaire des députés et des sénateurs ;
- les différents modes de scrutin, à l'exclusion de ceux prévus expressément par la présente constitution.

Avant d'être mis en application, le règlement intérieur est obligatoirement transmis par le président de la chambre intéressée à la Cour constitutionnelle qui se prononce sur la conformité à la constitution dans un délai de quinze jours. Si ce délai imparti est épuisé, le règlement intérieur est réputé conforme. En revanche, les dispositions jugées non conformes ne peuvent en aucun cas être mises en application.

C. L'élection de l'Assemblée nationale et du Sénat

L'article 101 de la constitution déclare que les membres de l'Assemblée nationale portent le titre de député national et ceux du Sénat portent le titre de sénateur (art. 104 de la constitution).

1. L'élection de l'Assemblée nationale

1.1. Le mode de scrutin

En ce qui concerne les élections des membres de l'Assemblée nationale, le mode de scrutin retenu est celui de la liste proportionnelle avec application du plus fort reste. Cela répond à une exigence d'un des principes de base de l'accord global signé à Pretoria. De l'avis de tous les experts électoraux, le système proportionnel est en fait celui qui permet la représentation la plus fidèle de l'expression du corps électoral et qui est le mieux à même de traduire la diversité politique d'une société. Dans le contexte actuel, ce système est le mieux adapté pour résoudre les problèmes de réconciliation et de cohabitation résultant des conflits que la République démocratique du Congo a connus ces dernières années.

Dans le cas de la France où le système des partis politiques est très développé, la représentation proportionnelle attribue les sièges restant aux partis qui ont le plus grand nombre de voix inemployées ; ce système favorise les petits partis aux dépens des formations. Le principe est simple mais sa mise en œuvre est complexe.

1.2. La composition

L'Assemblée nationale comprend 500 députés élus pour un mandat de 5 ans, sauf dissolution de l'Assemblée nationale et intégralement renouvelée à chaque élection. Chaque député est rééligible et élit avec deux suppléants. En ce qui concerne le mode de scrutin évoqué plus haut, il peut évoluer ; c'est-à-dire qu'il peut être modifié par la loi ordinaire (la loi ordinaire étant une loi votée par le Parlement dans les matières que la constitution lui réserve et selon la procédure législative classique).

1.3. Les conditions d'éligibilité et d'inéligibilité

Selon l'article 9 de la loi électorale, pour être éligible, il faut :

- être de nationalité congolaise ;
- avoir l'âge requis à la date de clôture du dépôt de candidature (25 ans) ;
- ne pas se trouver dans un des cas d'exclusion prévus par la présente loi ;
- avoir la qualité d'électeur.

Tout Congolais de l'un ou de l'autre sexe peut présenter sa candidature sous réserve des dispositions spécifiques pour chaque élection.

Les candidats aux élections législatives sont présentés par des partis politiques ou par des regroupements politiques. Ils peuvent aussi se présenter en indépendants.

Sont inéligibles d'après l'article 10 de la loi électorale :

- les personnes privées de leurs droits civils et politiques ;
- les personnes condamnées pour crimes de guerre, crimes de génocide et crimes contre l'humanité par une juridiction pénale internationale ;
- les personnes condamnées du chef de banqueroute et les faillis ;
- les personnes frappées d'une incapacité mentale médicalement prouvée au cours des cinq dernières années précédant les élections ;
- les fonctionnaires et agents de l'administration publique, les mandataires actifs des entreprises publiques ou mixtes ne justifiant pas, à la date limite du dépôt des candidatures, de leur mise en disponibilité ou de leur démission ;
- les magistrats qui n'auront pas donné la preuve, à la date limite du dépôt des candidatures, de leur démission ou de leur demande de mise en disponibilité ;
- les membres des forces armées ou de la police nationale congolaise qui n'auront pas donné la preuve, à la date limite du dépôt des candidatures, de leur démission, de leur mise en disponibilité ou de l'acceptation de leur mise à la retraite ;
- les membres de la commission électorale indépendante à tous les niveaux, y compris le personnel.

1.4. Les circonscriptions

La circonscription électorale est un cadre au sein duquel les candidats se mesurent en vue du scrutin.

Le territoire national est scindé en autant de circonscriptions qu'il y a de sièges à pouvoir. Le nombre de sièges à pourvoir varie en principe d'une province à l'autre.

En ce qui concerne le choix des circonscriptions, la loi électorale a tenté de répondre aux trois exigences suivantes :

- rapprocher autant que possible l'élu de ses électeurs ;
- permettre à chaque territoire de la République d'avoir au moins un représentant à l'Assemblée nationale ;
- maintenir une tradition de lien étroit entre l'élu national et le territoire dont il est issu ou où il réside.

Le territoire, en milieu rural, et la ville, en milieu urbain, sont apparus comme les cadres répondant le mieux à ces exigences et ont donc été retenus comme circonscriptions au sein desquelles devait s'exercer le scrutin proportionnel envisagé.

1.5. Le corps électoral

Par corps électoral, il faut entendre un collège d'électeurs inscrits sur les listes électorales et exerçant leur droit de suffrage. Ceci dit, les conditions suivantes sont exigées :
- être de nationalité congolaise ;
- avoir 18 ans ;
- jouir de ses droits civils et politiques ;
- avoir la capacité civile, c'est-à-dire ne pas être un majeur sous tutelle ;
- ne pas avoir été condamné pour un crime ou délit ;
- être inscrit sur les listes électorales : toute personne ayant la qualité d'électeur et désirant exercer le droit de vote doit s'inscrire sur la liste électorale.

Mais ce droit de vote n'est pas obligatoire. Il est personnel. Chaque électeur vote lui-même.

1.6. La déclaration de candidature

Pour contrôler l'éligibilité du candidat, la loi électorale impose le dépôt d'une déclaration de la candidature dans une seule circonscription pour chaque niveau d'élection. L'article 11 de la loi électorale se présente, hormis pour les scrutins uninominaux, soit sur une liste indépendante, soit sur la liste d'un parti politique ou d'un regroupement politique de la circonscription électorale qu'il a indiquée dans sa déclaration de candidature.

Il peut désigner une ou plusieurs personnes pour agir en son nom à titre de mandataire, notamment pour recueillir des signatures d'appui, présenter la déclaration de candidature, prendre connaissance des autres déclarations de candidature et accomplir tous les actes de procédure relatifs à l'enregistrement des candidatures.

Aux termes de la présente loi, on entend par liste aussi bien les listes établies par les partis politiques ou regroupements politiques que par les personnes indépendantes comportant plusieurs noms de candidats rangés dans un ordre de présentation. La liste des candidats est bloquée.

L'ordre de présentation des candidats sur chaque liste est établi en tenant compte de la représentation équitable de la femme et de la promotion de la personne vivant avec handicap. L'article 13 de la loi électorale déclare qu'un candidat indépendant, un parti politique ou un regroupement politique ne peut présenter qu'une seule liste dans une circonscription électorale. Chaque liste comprend un nombre de candidats égal à celui des sièges à pourvoir dans la circonscription électorale.

La présentation de la candidature consiste en la remise par un candidat indépendant, un parti politique ou un regroupement politique, d'une déclaration de candidature en trois exemplaires conforme au modèle fixé par la commission électorale indépendante. La date limite de dépôt des candidatures est fixée conformément au calendrier établi par la commission électorale indépendante (art. 14 de la loi électorale).

Selon l'article 15 de la loi électorale, sous peine d'irrecevabilité, la déclaration doit être accompagnée des pièces suivantes :

- une lettre de consentement rédigée à la main et signée par le candidat ;
- une photocopie de la carte d'électeur. Un récépissé de candidature ou une copie de la liste servant de récépissé est remis au déposant. Les souches des récépissés et les copies des listes reçues sont adressées à la commission électorale indépendante.

Dès réception des candidatures, la commission électorale indépendante examine leur conformité avec les dispositions des articles 11, 12, 13, 14, 16, 17 et des alinéas premier et deuxième du présent article.

Il peut arriver que la candidature soit irrecevable. Selon l'article 16 de la loi électorale, une candidature est irrecevable lorsque le candidat :

- n'est pas éligible ;
- n'a pas donné son consentement par écrit ;
- est présenté en même temps dans plusieurs circonscriptions électorales pour le même scrutin ;
- est présenté sur plus d'une liste dans une même circonscription électorale ;
- ne satisfait pas aux prescrits de l'article 6 et de l'article 11, alinéa 2 ;

- n'a pas versé la caution exigée ou figure sur une liste dont la caution exigée n'a pas été versée ;
- n'a pas réuni, selon le cas, le nombre de signatures exigées. En cas de non-conformité, le président de la commission électorale indépendante remet la liste aux mains du déposant en l'invitant à présenter une nouvelle liste rectifiée.

Une liste présentée par un candidat indépendant, un parti politique ou un regroupement politique est déclarée irrecevable lorsque :
- elle reprend le nom d'une ou de plusieurs personnes inéligibles ;
- elle porte un nombre de candidats supérieur ou inférieur au nombre maximum fixé pour chaque circonscription ;
- elle reprend le nom d'un candidat dans plus d'une circonscription électorale pour un même niveau.

Lorsque la commission électorale indépendante déclare irrégulière la présentation de certains candidats ou si une réclamation a été faite, elle donne, dans les sept jours suivant le dépôt, connaissance de la décision intervenue avec accusé de réception au candidat concerné, dans le cas d'un scrutin uninominal, au candidat qui a déposé la liste en cause ou au premier candidat figurant sur ladite liste, dans le cas d'un scrutin de liste. Si l'éligibilité d'un candidat est contestée, celui-ci est, en outre, immédiatement informé par lettre. Dans un délai de 48 heures suivant sa réception, cette décision peut être contestée par :
- le parti politique ou le regroupement politique ayant présenté un candidat ou une liste dans la circonscription électorale ;
- tout candidat présenté par un parti politique ou un regroupement politique, ou inscrit sur une liste indépendante, dans cette circonscription électorale.

À cet effet, la commission électorale indépendante examine les réclamations et statue après avoir entendu les intéressés (article 21 de la loi électorale). Elle rectifie, s'il y a lieu, les listes des candidats et arrête celles-ci sous réserve des cas de recours prévus à l'article 20. Seuls sont admis à assister à cette séance les candidats qui ont régulièrement introduit une réclamation et leurs témoins.

Lorsque la commission électorale indépendante rejette une candidature pour inéligibilité, le candidat, ou son mandataire, peut introduire un recours juridictionnel dans les 7 jours qui suivent la notification de la décision de rejet (article 22 de la loi électorale).

La décision de rejet ainsi que les pièces jointes sont immédiatement transmises à la juridiction compétente qui statue, toutes affaires cessantes et sans frais (article 23 de la loi électorale).

Quelles sont les juridictions compétentes habilitées pour connaître un contentieux concernant une déclaration de candidature ?

Selon l'article 24 de la loi électorale, les juridictions compétentes pour connaître un contentieux concernant une déclaration de candidature sont :

- la Cour suprême de justice, pour l'élection présidentielle ;
- la cour d'appel, pour les élections législatives, provinciales et urbaines ;
- le tribunal de grande instance, pour les élections urbaines, municipales et locales. Elles disposent de sept jours francs pour rendre leurs décisions. Le dispositif de l'arrêt est porté à la connaissance de la commission électorale indépendante pour exécution par les soins du ministère public. Le cas échéant, la commission électorale indépendante modifie les listes. Mention en est faite au procès-verbal : la commission électorale indépendante arrête et publie sans délais la liste définitive.

1.7. La campagne électorale

La campagne électorale ouvre soixante jours au maximum avant la date du scrutin et s'achève vingt-quatre heures avant cette date.

Les rassemblements électoraux se déroulent conformément aux dispositions légales relatives aux manifestations publiques. Seuls sont habilités à organiser des réunions électorales les partis politiques, les regroupements politiques et les candidats indépendants. Les réunions électorales se tiennent librement sur l'ensemble du territoire national. Déclaration écrite en est faite au moins vingt-quatre heures à l'avance à l'autorité locale compétente qui en prend acte. Les organisateurs des manifestations et rassemblements électoraux veillent à leur bon déroulement, notamment en ce qui concerne le maintien de l'ordre public et le respect de la loi. Ils peuvent, le cas échéant, demander l'assistance des agents de la police nationale congolaise (article 26 de la loi électorale).

Pendant la campagne électorale, tout affichage est autorisé, sauf sur les édifices publics. Il convient de souligner que toute activité politique ou toute participation active à des manifestations politiques est interdite aux agents de carrière des services publics de l'État, aux magistrats, aux membres des forces armées congolaises et de la police nationale congolaise, ainsi qu'à ceux des services de sécurité, à l'exception de ceux qui ont sollicité leur mise en disponibilité, leur retraite ou présenté leur démission, conformément aux dispositions des statuts qui les régissent. Il est interdit à ces personnes, dans les mêmes conditions, d'apposer des affiches, de distribuer des manifestes et des articulaires électoraux.

À la clôture de la campagne, il est strictement interdit de distribuer, le jour du scrutin, des manifestes, circulaires ou documents de propagande.

2. L'élection sénatoriale

2.1. Le mode de scrutin

Les candidats sénateurs sont élus au second degré par les assemblées provinciales. Chaque sénateur est élu avec deux suppléants.

2.2. La composition

Le nombre de sénateurs retenu pour chaque province est de quatre, sauf pour la ville de Kinshasa qui bénéficie d'un quota de huit. La chambre haute ou le Sénat est composé de membres élus et de membres cooptés. Le sénateur est élu pour un mandat de cinq ans. Il est rééligible. Le mandat de sénateur commence à la validation des pouvoirs par le Sénat et expire à l'installation du nouveau Sénat (article 105, alinéa 2 de la constitution). Il représente sa province, mais son mandat est national. Tout mandat impératif est nul.

Les anciens présidents de la République élus sont de droit sénateurs à vie.

2.3. Les conditions d'éligibilité

Selon l'article 106 de la constitution, nul ne peut être candidat comme membre du Sénat s'il ne remplit les conditions suivantes :

- être Congolais ;
- être âgé de 30 ans au moins ;

- jouir de la plénitude de ses droits civils et politiques ;
- ne pas se trouver dans un des cas d'exclusion prévus par la loi électorale.

Les candidats sénateurs sont présentés par des partis politiques ou par des regroupements politiques. Ils peuvent aussi se présenter en indépendant.

2.4. Les circonscriptions

La circonscription retenue pour cette élection est donc la province, quand celle-ci n'est pas amenée à être découpée, et le district dans le cas des autres provinces.

Dans l'état actuel, quelques difficultés subsistent. D'abord, la constitution, à l'article 227, stipule que « les provinces, telles qu'énumérées par l'article 2 de la présente constitution, constituent les circonscriptions électorales des sénateurs pour la première législature ». Cet alinéa de la constitution a pour conséquence la nécessité d'élire, lors de la première élection sénatoriale, tous les sénateurs des 26 provinces prévues à l'article 2.

La circonscription retenue pour cette élection est donc la province, quand celle-ci n'est pas amenée à être découpée, et le district dans le cas des autres provinces.

Les conséquences sont énormes. Ce mode d'élection des sénateurs a une incidence directe sur la taille des assemblées provinciales. En effet, il est important de tenir compte du fait qu'il est délicat de faire élire les quatre sénateurs d'une province par un corps électoral trop restreint. La crédibilité du vote devant être préservée, il est difficile d'imaginer une assemblée provinciale de quelques membres seulement.

Par ailleurs, la nécessité de mettre en place dès la première législature les assemblées provinciales potentielles de l'ensemble des 26 provinces oblige à limiter le nombre de députés provinciaux pour ne pas trop alourdir, pendant les 36 premiers mois, les frais de fonctionnement des provinces qui seront amenées à être divisées.

Tranchant entre ces deux exigences, le texte (initial) fixe à vingt le nombre de députés composant les assemblées délibératives de toutes les provinces, au sens de l'article 2 de la constitution. Ce qui amènera certaines provinces à élire jusqu'à cent députés provinciaux (cas de l'Équateur) à l'occasion des prochaines élections provinciales.

1.5. Le corps électoral

Le corps électoral est constitué par les députés provinciaux de la province dans le premier cas de figure, et du district dans le second.

La participation au scrutin des députés de l'assemblée provinciale est obligatoire.

D. Le statut du parlementaire

Les députés et les sénateurs sont investis d'un mandat parlementaire. Le mandat est représentatif. Il œuvre au nom de la nation tout entière. Le statut du parlementaire vise à assurer son indépendance à l'égard du gouvernement et des intérêts privés.

1. Les immunités et les incompatibilités

1.1. Les immunités (voir l'article 105 de la Constitution pour le détail)

Les immunités parlementaires se résument en les termes suivants :

- l'irresponsabilité perpétuelle du parlementaire pour tout acte accompli dans l'exercice de ses fonctions ;
- l'inviolabilité du parlementaire poursuivi pénalement pour des actes non couverts par l'irresponsabilité.

Tout parlementaire ne peut, pendant la durée de ses sessions ou hors session, être poursuivi ou arrêté qu'avec l'autorisation du bureau de son assemblée, sauf en cas de flagrant délit, de poursuites autorisées ou de condamnation définitive.

1.2. Les incompatibilités

Que cela soit clair : les incompatibilités n'interdisent pas de se faire élire, mais obligent à choisir entre les mandats.

Selon l'article 108 de la constitution, le mandat de député national est incompatible avec le mandat de sénateur, et vice-versa. Le mandat de député ou de sénateur est incompatible avec les fonctions ou mandats suivants :

- membre du gouvernement ;
- membre d'une institution d'appui à la démocratie ;

- membre des forces armées, de la police nationale et des services de sécurité ;
- magistrat ;
- agent de carrière des services publics de l'État ;
- cadre politico-administratif de la territoriale, à l'exception des chefs de collectivité-chefferie et de groupement ;
- mandataire public actif ;
- membre des cabinets du président de la République, du Premier ministre, du président de l'Assemblée nationale, du président du Sénat, des membres du gouvernement et, généralement, d'une autorité politique ou administrative de l'État, employé dans une entreprise publique ou dans une société d'économie mixte ;
- tout autre mandat électif.

Le mandat de député national ou de sénateur est incompatible avec l'exercice des fonctions rémunérées conférées par un État étranger ou un organisme international.

2. Les droits reconnus aux députés ou aux sénateurs

Ses droits sont énumérés à l'article 109 de la constitution dont voici la liste :

- les députés nationaux et les sénateurs ont le droit de circuler sans restriction ni entrave à l'intérieur du territoire national et d'en sortir ;
- ils ont droit à une indemnité équitable qui assure leur indépendance et leur dignité. Celle-ci est prévue dans la loi des finances. Ils ont droit à une indemnité de sortie égale à six mois de leurs émoluments.

3. La fin du mandat de député national ou de sénateur

Selon l'article 110 de la constitution, le mandat de député ou de sénateur prend fin par :

- expiration de la législature ;
- décès ;
- démission ;
- empêchement définitif ;
- incapacité permanente ;

- absence non justifiée et non autorisée à plus d'un quart des séances d'une session ;
- exclusion prévue par la loi électorale ;
- acceptation d'une fonction incompatible avec le mandat de député ou de sénateur ;
- condamnation irrévocable à une peine de servitude pénale principale pour infraction intentionnelle.

Toute cause d'inéligibilité à la date des élections constatée ultérieurement par l'autorité judiciaire compétente entraîne la perte du mandat de député national ou de sénateur. Dans ces cas, il est remplacé par son premier suppléant.

Tout député national ou tout sénateur qui quitte délibérément son parti durant la législature est réputé renoncer à son mandat parlementaire obtenu dans le cadre dudit parti.

E. L'organisation du travail de l'Assemblée nationale et du Sénat

1. Les acteurs

1.1. Les organes dirigeants

- un président : élu pour chaque assemblée pour diriger leurs travaux et qui a aussi des pouvoirs propres ;
- le bureau : le bureau de chaque assemblée est une autorité collégiale essentiellement en charge de l'administration de l'assemblée.

Selon l'article 111 de la constitution, l'Assemblée nationale et le Sénat sont dirigés chacun par un bureau de sept membres comprenant :

- un président ;
- un premier vice-président ;
- un deuxième vice-président ;
- un rapporteur ;
- un rapporteur adjoint ;
- un questeur ;
- un questeur adjoint.

Les présidents des deux chambres doivent être des Congolais d'origine. Les membres du bureau sont élus dans les conditions fixées par le règlement intérieur de leur chambre respective.

N.B. : le « questeur » est un membre du bureau d'une assemblée parlementaire chargé des problèmes d'administration intérieure de l'assemblée (personnel, locaux, matériel).

1.2. Les commissions parlementaires (de l'Assemblée nationale et du Sénat)

Outre les commissions permanentes et spéciales, les deux chambres peuvent constituer une ou plusieurs commissions mixtes paritaires pour concilier les points de vue lorsqu'elles sont en désaccord au sujet d'une question sur laquelle elles doivent adopter la même décision en termes identiques.

Si la commission mixte paritaire ne parvient pas à l'adoption d'un texte unique ou si ce texte n'est pas approuvé, l'Assemblée nationale statue définitivement. Dans ce cas, l'Assemblée nationale peut reprendre soit le texte élaboré par la commission mixte paritaire, soit le dernier texte voté par elle, modifié, le cas échéant, par un ou plusieurs des amendements adoptés par le Sénat.

2. Les procédures

2.1. Le régime des sessions

Les sessions sont les périodes de l'année durant lesquelles le Parlement se réunit valablement pour délibérer en séance plénière.

Il existe deux sessions et, outre cela, s'ajoutent les deux chambres réunies en congrès :

- les sessions ordinaires ;
- la session extraordinaire.

2.1.1. Les sessions ordinaires (article 115)

Les sessions ordinaires donnent lieu à des réunions de plein droit, c'est-à-dire sans convocation. L'Assemblée nationale et le Sénat tiennent de plein droit, chaque année, deux sessions ordinaires :

- la première session ordinaire s'ouvre le 15 mars et se clôture le 15 juin ;
- la deuxième session s'ouvre le 15 septembre et se clôture le 15 décembre.

Si le 15 du mois de mars ou du mois de septembre est férié ou tombe un dimanche, l'ouverture de la session a lieu le premier jour ouvrable qui suit. La durée de chaque session ne peut excéder trois mois.

Mais si cela n'est pas suffisant, on peut toujours convoquer une session extraordinaire.

2.1.2. La session extraordinaire

Selon l'article 116 de la constitution, chaque chambre du Parlement peut être convoquée en session extraordinaire par son président sur un ordre du jour déterminé, à la demande soit de son bureau, soit de la moitié de ses membres, soit du président de la République, soit du gouvernement.

La clôture intervient dès que la chambre a épuisé l'ordre du jour pour lequel elle a été convoquée et, au plus tard, trente jours à compter de la date du début de la session.

L'inscription, par priorité, à l'ordre du jour de chacune des chambres d'un projet de loi, d'une proposition de loi ou d'une déclaration de politique générale est de droit si le gouvernement, après délibération en conseil des ministres, en fait la demande.

Il est également important de signaler que chacune des chambres du Parlement se réunit de plein droit en session extraordinaire le quinzième jour suivant la proclamation des résultats des élections législatives par la commission électorale indépendante en vue de :

- l'installation du bureau provisoire dirigé par le doyen d'âge assisté des deux moins âgés ;
- la validation des pouvoirs ;
- l'élection et l'installation du bureau définitif ;
- l'élaboration et l'adoption du règlement.

La séance d'ouverture est présidée par le secrétaire général de l'administration de chacune des deux chambres. Pendant cette session, les deux chambres se réunissent pour élaborer et adopter le règlement intérieur du Congrès.

La session extraordinaire prend fin à l'épuisement de l'ordre du jour.

Comment les décisions de l'Assemblée nationale et du Sénat sont-elles prises ?

Selon l'article 118 de la constitution, l'Assemblée nationale et le Sénat ne siègent valablement qu'à la majorité absolue des membres qui les composent.

Les séances de l'Assemblée nationale et du Sénat sont publiques, sauf si les huis clos sont prononcés.

Le compte-rendu analytique des débats ainsi que les documents de l'Assemblée nationale et du Sénat sont publiés dans les annales parlementaires.

2.1.3. Les chambres parlementaires réunies en congrès (articles 118 à 121)

Les deux chambres se réunissent en Congrès pour les cas suivants :

- la procédure de révision constitutionnelle conformément aux articles 218 à 219 de la présente constitution :
- l'article 218 de la constitution stipule que l'initiative de la révision de la constitution appartient concurremment au président de la République, au gouvernement après délibération en conseil des ministres, à chacune des chambres du Parlement sur l'initiative de la moitié de ses membres, à une fraction du peuple congolais, en l'occurrence 100 000 personnes s'exprimant par une pétition adressée à l'une des deux chambres.

Chacune de ces initiatives est soumise à l'Assemblée nationale et au Sénat, qui décident à la majorité absolue de chaque chambre du bien-fondé du projet, de la proposition ou de la pétition de révision.

La révision n'est définitive que si le projet, la proposition ou la pétition est approuvée par référendum.

Toutefois, le projet, la proposition ou la pétition n'est pas soumis au référendum lorsque l'Assemblée nationale et le Sénat réunis en Congrès l'approuvent à la majorité des trois cinquièmes des membres les composant.

L'article 219 de la constitution stipule que :

- « Aucune révision ne peut intervenir pendant l'état de guerre, l'état d'urgence ou l'état de siège, ni pendant l'intérim à la

présidence de la République ni lorsque l'Assemblée nationale et le Sénat se trouvent empêchés de se réunir librement ;
- l'autorisation de la proclamation de l'état d'urgence ou de l'état de siège et de la déclaration de guerre conformément aux articles 85 et 86 de la présente constitution ;
- l'audition du discours du président de la République sur l'état de la nation conformément à l'article 77 de la présente constitution ;
- la désignation des trois membres de la Cour constitutionnelle conformément aux dispositions de l'article 158 de la présente constitution. »

Il est à noter que lorsque les deux chambres siègent en Congrès, le bureau est celui de l'Assemblée nationale et la présidence est à tour de rôle assurée par le président de l'Assemblée nationale et le président du Sénat.

Le Congrès adopte son règlement intérieur. Avant d'être mis en application, le règlement intérieur est communiqué par le président du Congrès à la Cour constitutionnelle qui se prononce sur la conformité de ce règlement à la présente constitution dans un délai de 15 jours (art. 120 de la constitution). Passé ce délai, le règlement intérieur est réputé conforme. En revanche, les dispositions déclarées non conformes ne peuvent être mises en application.

Dans les prises de décisions, l'article 121 de la constitution déclare que chacune des chambres ou le Congrès ne siège valablement que lorsque la majorité absolue de ses membres se trouve réunie. Sous réserve des autres dispositions de la constitution, toute résolution ou toute décision est prise conformément au règlement intérieur de chacune des chambres ou du Congrès.

Les votes sont émis soit par appel nominal et à haute voix, soit à main levée, soit par assis et levé, soit par bulletin secret, soit par procédé électronique. Les votes peuvent également être émis par un procédé technique donnant plus de garanties.

Sous réserve des autres dispositions de la constitution, chacune des chambres ou le Congrès peut décider du secret de vote pour l'adoption d'une résolution déterminée.

Toutefois, en cas de délibérations portant sur des personnes, le vote s'effectue par bulletin secret.

F. Les fonctions du Parlement

Il existe deux fonctions :

- la fonction de contrôle ;
- la fonction législative.

1. La fonction de contrôle

Le Parlement dispose d'une panoplie de moyens pour s'informer sur la politique gouvernementale. Sur ces moyens d'information sur l'action gouvernementale, il existe une mise en jeu de la responsabilité gouvernementale et l'engagement de responsabilité sur un texte.

1.1. Les moyens d'information sur l'action gouvernementale

Selon l'article 138 de la constitution, il existe une gamme de moyens d'information sur le gouvernement, les entreprises, les établissements et services publics.

1.1.1. Les questions écrites avec ou sans débat non suivis de vote

Elles permettent à tout parlementaire d'interroger directement les membres du gouvernement et le Premier ministre, qui disposent d'un délai qui peut être d'un mois pour y répondre. Ce moyen est très souvent utilisé pour obtenir du gouvernement des informations très diverses, notamment sur le plan juridique, mais aussi sur l'attitude d'un gouvernement à l'égard d'une question particulière.

1.1.2. Les questions orales avec ou sans débat non suivis de vote

Pour les questions orales sans débat, seul l'auteur de la question et le membre du gouvernement qui y répond ont la parole avec un temps d'intervention limité, alors que pour les questions avec débat, d'autres orateurs interviennent dans un débat plus long et animé. Dans les pays plus avancés démocratiquement, les questions orales connaissent du succès.

1.1.3. Les questions d'actualité

Elles sont surtout posées sur les sujets d'actualité et retransmises à la télévision. Les parlementaires peuvent poser des questions d'actualité au gouvernement, sans qu'elles soient communiquées à l'avance.

1.1.4. L'interpellation

Elle est une mise en demeure adressée au gouvernement, l'invitant à s'expliquer sur l'exercice de son autorité. Elle est surtout liée au dépôt d'une motion de censure et met donc nécessairement et explicitement en cause la responsabilité du gouvernement.

1.1.5. Les commissions d'enquête

Elles sont créées par les députés ou les sénateurs selon une répartition proportionnelle de chacun des groupes parlementaires qui entendent se saisir d'un problème particulier. Mais elles ne doivent en aucun cas faire concurrence à l'autorité judiciaire. Cela veut dire qu'elles ne peuvent être constituées pour enquêter sur les faits qui font l'objet de poursuites judiciaires.

1.1.6. Les auditions par les commissions

Les auditions sont surtout publiques. Les commissions prennent connaissance des mémoires qui leur ont été adressés. En fonction du nombre et de la pertinence des mémoires qu'elles ont reçus, les commissions peuvent inviter, lors des auditions publiques, tous ceux qui leur ont fait parvenir un mémoire ou choisir, parmi les auteurs de ces mémoires, ceux qu'elles entendront.

1.2. La mise en jeu de la responsabilité gouvernementale

Cela signifie que les procédures sont rationalisées pour éviter une destitution trop aisée du gouvernement. Seule l'Assemblée nationale peut mettre en cause la responsabilité du gouvernement, pas le Sénat.

Selon l'article 146 alinéa 2 de la constitution, l'Assemblée nationale met en cause la responsabilité du gouvernement ou d'un membre du gouvernement par le vote d'une motion de censure ou de défiance ou encore, selon l'article 146 alinéa 1 de la constitution, le Premier ministre peut, après délibération du conseil des ministres, engager devant l'Assemblée nationale la responsabilité du gouvernement sur son programme, sur une déclaration de politique générale ou sur le vote d'un texte, en deux mots : « questions de confiance ».

1.2.1. La question de confiance

La question de confiance est un engagement de la responsabilité du gouvernement sur l'adoption d'un texte dont le rejet entraînerait la démission de celui-ci. Cela signifie que le Premier ministre prend l'engagement de mettre en jeu la responsabilité politique de son gouvernement devant le Parlement, surtout devant l'Assemblée nationale (article 146, alinéa 1 de la constitution) ou, en termes clairs, une déclaration de politique générale, et démissionne s'il n'obtient pas la majorité des suffrages exprimés.

1.2.2. La motion de censure

Une motion est une expression de la pratique parlementaire qui désigne une résolution soumise par un parlementaire à la discussion et au vote de ses collègues.

La motion de censure, en deux mots, est un nom donné au document par lequel des parlementaires exposent leur défiance à l'égard du gouvernement et expriment leur souhait d'aboutir à son renversement[64].

Compte tenu du fonctionnement de l'Assemblée nationale, le dépôt d'une motion de censure, même sans aucune perspective d'adoption, demeure la seule procédure contraignant le gouvernement à s'expliquer sur sa politique, soit sur sa politique générale, soit sur l'une de ses composantes essentielles.

Selon l'article 146, alinéa 2, la constitution déclare : « La motion de censure contre le gouvernement n'est recevable que si elle est signée par un quart des membres de l'Assemblée nationale. La motion de méfiance ou défiance contre un membre du gouvernement n'est recevable que si elle est signée par un dixième des membres de l'Assemblée nationale. »

Le débat et le vote ne peuvent avoir lieu que quarante-huit heures après le dépôt de la motion. Seuls sont recensés les votes favorables à la motion de censure ou défiance, qui ne peut être

---

[64] DUHAMEL (Olivier) et MENDY (Yves), op. cit., pp. 644-645.

adoptée qu'à la majorité absolue des membres composant l'Assemblée nationale. Si la motion de censure ou de défiance est rejetée, ses signataires ne peuvent en proposer une nouvelle au cours de la même session.

Selon l'article 147 de la constitution, lorsque l'Assemblée nationale adopte une motion de censure, le gouvernement est réputé démissionnaire. Dans ce cas, le Premier ministre remet la démission du gouvernement au président de la République dans les vingt-quatre heures. Lorsqu'une motion de défiance contre un membre du gouvernement est adoptée, celui-ci est réputé démissionnaire.

Ce qu'il faut retenir : tout dépendra dans l'avenir d'un fait majoritaire ou non majoritaire. Si le fait majoritaire remporte sur le non majoritaire, il serait difficile de déstabiliser le gouvernement en raison de la solidarité des parlementaires.

2. La fonction législative

La fonction législative est le domaine dans lequel intervient le législateur.

2.1. Le domaine de la loi

Il est donc important de faire une distinction entre le domaine de la loi et le domaine du règlement. Le domaine de la loi et du règlement est une répartition des matières entre le pouvoir législatif et le pouvoir exécutif qui reflète la hiérarchie politique existant entre eux. La tradition en la matière accorde la primauté à la loi et relègue dans une position subordonnée le règlement.

Il faut savoir que le domaine de la loi recouvre les matières énumérées par l'article 122 de la constitution (et quelques autres dispositions constitutionnelles) strictement réservées au législateur. En apparence, la compétence du législateur est l'exception et celle du pouvoir réglementaire la règle.

En ce qui concerne le domaine du règlement, il s'agit surtout de toutes les matières qui ne ressortent pas du domaine de la loi, mais il a un caractère général et impersonnel, dont le chef de l'État, le Premier ministre ou ministre est l'auteur.

Il faut retenir que la loi est votée par le Parlement. Selon l'article 122 de la constitution, la loi fixe les règles concernant :

- les droits civiques et les garanties fondamentales accordées aux citoyens pour l'exercice des libertés publiques ;

- le régime électoral ;
- les finances publiques ;
- les sujétions imposées par la défense nationale aux citoyens en leur personne et en leurs biens ;
- la nationalité, l'état et la capacité des personnes, les régimes matrimoniaux, les successions et les libéralités ;
- la détermination des infractions et des peines qui leur sont applicables, la procédure pénale, l'organisation et le fonctionnement du pouvoir judiciaire, la création de nouveaux ordres de juridictions, le statut des magistrats, le régime juridique du Conseil supérieur de la magistrature ;
- l'organisation du barreau, l'assistance judiciaire et la représentation en justice ;
- le commerce, le régime de la propriété des droits et des obligations civiles et commerciales ;
- l'amnistie et l'extradition ;
- l'assiette, le taux et les modalités de recouvrement des impositions de toute nature, le régime d'émission de la monnaie ;
- les emprunts et engagements financiers de l'État ;
- les statuts des agents de carrière des services publics de l'État, du personnel de l'enseignement supérieur, universitaire et de la recherche scientifique ;
- les forces armées, la police et les services de sécurité ;
- le droit du travail et de la sécurité sociale ;
- l'organisation générale de la défense et de la police nationale, le mode de recrutement des membres des forces armées et de la police nationale, l'avancement, les droits et obligations des militaires et des personnels de police.

À l'article 123 de la constitution, la loi détermine les principes fondamentaux concernant :

- les droits civiques et les garanties fondamentales accordées aux citoyens pour l'exercice des libertés publiques ;
- le régime électoral ;
- les finances publiques ;
- les sujétions imposées par la défense nationale aux citoyens en leur personne et en leurs biens ;
- la nationalité, l'état et la capacité des personnes, les régimes matrimoniaux, les successions et les libéralités ;

- la détermination des infractions et des peines qui leur sont applicables, la procédure pénale, l'organisation et le fonctionnement du pouvoir judiciaire, la création de nouveaux ordres de juridictions, le statut des magistrats, le régime juridique du conseil supérieur de la magistrature ;
- l'organisation du barreau, l'assistance judiciaire et la représentation en justice ;
- le commerce, le régime de la propriété des droits et des obligations civiles et commerciales ;
- l'amnistie et l'extradition ;
- l'assiette, le taux et les modalités de recouvrement des impositions de toute nature, le régime d'émission de la monnaie ;
- les emprunts et engagements financiers de l'État ;
- les statuts des agents de carrière des services publics de l'État, du personnel de l'enseignement supérieur, universitaire et de la recherche ;
- les forces armées, la police et les services de sécurité ;
- le droit du travail et de la sécurité sociale ;
- l'organisation générale de la défense et de la police nationale, le mode de recrutement des membres des forces armées et de la police nationale, l'avancement, les droits et obligations des militaires et du personnel de la police.

En ce qui concerne le respect de la répartition de la compétence, il faut retenir ceci :

- Avant le vote de la loi, le gouvernement soulève l'opposition d'irrecevabilité pour non-respect de l'article 124 de la constitution lors du dépôt d'une proposition ou d'un amendement parlementaire (l'amendement étant une proposition de modification du texte soumis à la délibération d'une assemblée. Le droit d'amendement appartient aux membres du Parlement).

1.2.2. L'élaboration des lois ordinaires

La loi ordinaire est votée par le Parlement dans les matières que la constitution lui réserve et selon la procédure législative classique, par opposition à la loi organique ou à la loi constitutionnelle.

La loi organique est celle votée par le Parlement selon une procédure plus lourde (consultation automatique de la Cour constitutionnelle et qui nécessite de réunir une majorité absolue) et en raison de l'importance de leur objet : compléter les dispositions de la constitution relatives à l'organisation des pouvoirs publics.

En revanche, la loi constitutionnelle est un acte juridique adopté selon la procédure de révision de la constitution afin de compléter, modifier ou abroger des normes constitutionnelles en vigueur.

Cette mise au point étant faite, il convient de souligner que :

- l'initiative des lois appartient concurremment au Premier ministre (projet de loi) et aux parlementaires (proposition de loi) ;
- tout projet ou proposition est examiné en commission législative avant d'être débattu par la chambre. La commission remet un rapport dont l'objet est de préparer la discussion générale ;
- les débats se déroulent ensuite en séance plénière selon l'ordre du jour fixé par le gouvernement. Le gouvernement ou un parlementaire peut empêcher la discussion en soulevant l'exception d'irrecevabilité fondée sur l'inconstitutionnalité du texte. De son côté, la chambre peut, d'une part, poser la question préalable et décider, en opportunité, de ne pas examiner le texte et, d'autre part, demander à la commission compétente de rédiger un nouveau rapport. La discussion se déroule article par article et permet à tous ces acteurs de tenter d'amender le texte ;
- le vote, en principe personnel, doit intervenir sur chaque article ;
- la navette circule entre les deux assemblées jusqu'à ce qu'il y ait accord sur le texte. Par « navette », il faut entendre un aller-retour instauré entre les deux chambres d'un Parlement bicaméral, jusqu'à ce que celles-ci parviennent à un accord sur un texte identique. En cas d'échec, le gouvernement peut demander à l'Assemblée nationale de voter définitivement le texte ;
- le texte adopté est promulgué par le président de la République dans les 15 jours, sauf la saisine de la Cour constitutionnelle.

SECTION 3. LE POUVOIR JUDICIAIRE

Le pouvoir judiciaire est indépendant des pouvoirs exécutif et législatif. Il s'exerce par la Cour constitutionnelle et les autres cours et tribunaux qui sont :

- la Cour constitutionnelle ;
- la Cour de cassation ;
- le conseil d'État ;
- la Haute Cour militaire ;
- les cours et tribunaux civils et militaires ainsi que les parquets rattachés à ces juridictions.

La Cour de cassation, le conseil d'État, la Haute Cour militaire, les cours et tribunaux civils et militaires ainsi que les parquets rattachés à ces juridictions se répartissent en :

- juridictions d'ordre judiciaire ;
- juridictions d'ordre administratif ;
- juridictions militaires.

A. Les observations générales

La justice est rendue sur l'ensemble du territoire national au nom du peuple. Les arrêts et les jugements ainsi que les ordonnances des cours et tribunaux sont exécutés au nom du président de la République. Il ne peut être créé de tribunaux extraordinaires ou d'exception sous quelque dénomination que ce soit. En revanche, une loi peut créer des juridictions spécialisées.

Il est vrai que le pouvoir judiciaire dispose d'un budget élaboré par le Conseil supérieur de la magistrature et transmis au gouvernement pour être inscrit dans le budget général de l'État. Le président de la Cour de cassation en est l'ordonnateur. Il est assisté par le secrétariat permanent du Conseil supérieur de la magistrature.

Selon l'article 150 de la constitution, le pouvoir judiciaire est le garant des libertés individuelles et des droits fondamentaux. Il veille au respect des droits et libertés définis par la présente constitution. Il est chargé d'appliquer, dans le domaine qui lui est propre, les lois de la République.

Les magistrats ne sont soumis dans l'exercice de leur fonction qu'à l'autorité de la loi. Il existe une loi qui fixe le statut des magistrats. Il faut ajouter que les magistrats du siège sont inamovibles. Ils ne peuvent être déplacés que par une nomination nouvelle ou à sa demande ou par rotation motivée décidée par le Conseil supérieur de la magistrature.

Selon l'article 151 de la constitution, le pouvoir exécutif ne peut ni donner d'injonction au juge dans l'exercice de sa juridiction, ni statuer sur les différends, ni entraver le cours de la justice, ni s'opposer à l'exécution d'une décision de justice. Le pouvoir législatif ne peut ni statuer sur des différends juridictionnels, ni modifier une décision de justice, ni s'opposer à son exécution. Toute loi dont l'objectif n'est manifestement de fournir une solution à un procès en cours est nulle et de nul effet.

Le président de la République est le garant de l'indépendance du pouvoir judiciaire. Il est assisté par le Conseil supérieur de la magistrature.

B. La Cour constitutionnelle

La Cour constitutionnelle est une juridiction créée pour connaître spécialement et exclusivement du contentieux constitutionnel. À la différence de la Cour suprême de justice des États-Unis, qui se trouve à la tête de l'organisation judiciaire et qui n'est saisie des questions de constitutionnalité qu'à l'occasion d'une exception soulevée lors d'un procès en appel devant elle, les juridictions constitutionnelles sont situées en dehors de la hiérarchie des tribunaux judiciaires ou administratifs[65].

1. La composition

Elle comprend neuf membres nommés par le président de la République dont :

- trois sur sa propre initiative ;
- trois désignés par le Parlement réuni en Congrès ;
- trois désignés par le Conseil supérieur de la magistrature.

Les deux tiers des membres de la Cour constitutionnelle doivent être des juristes provenant :

- de la magistrature ;
- du barreau ;
- de l'enseignement universitaire.

---

[65] AVRIL (Pierre) et GICQUEL (Jean), op. cit., pp. 32-33.

Leur mandat est d'une durée de neuf ans, non renouvelable. En revanche, il est renouvelé par tiers tous les trois ans. À chaque renouvellement, il est procédé au tirage au sort d'un membre par groupe.

L'élection du président de la Cour constitutionnelle : il est élu par ses pairs pour une durée de trois ans, renouvelable une seule fois. Il est investi par ordonnance du président de la République.

Les modalités pour être nommé membre de la Cour constitutionnelle sont :

- être Congolais ;
- justifier d'une expérience de quinze ans dans les domaines juridique ou politique.

2. Les missions de la Cour constitutionnelle

La Cour constitutionnelle occupe une place primordiale dans la vie judiciaire de la République démocratique du Congo. Elle est juge de la constitutionnalité des lois et elle garantit les droits fondamentaux de la personne humaine et les libertés publiques. Elle est l'organe régulateur du fonctionnement des institutions et de l'activité des pouvoirs publics.

Compte tenu de son importance au sein du pouvoir judiciaire, elle a comme missions (articles 160 à 161 de la constitution) :

- de statuer sur la constitutionnalité des lois organiques et des lois avant leur promulgation ;
- de statuer sur les règlements intérieurs des chambres parlementaires et du Congrès, de la commission électorale nationale indépendante ainsi que du conseil supérieur de l'audiovisuel et de la communication ;
- de connaître des recours en interprétation de la constitution sur saisine du président de la République, du gouvernement, du président du Sénat, du président de l'Assemblée nationale, d'un dixième des membres de chacune des chambres parlementaires, des gouverneurs de province et des présidents des assemblées provinciales ;
- de statuer sur les contentieux des élections présidentielles et législatives ainsi que du référendum ;
- de statuer sur les conflits de compétences entre le pouvoir exécutif et le pouvoir législatif ainsi qu'entre l'État et les provinces ;
- de connaître des recours contre les arrêts rendus par la Cour de cassation et le conseil d'État, uniquement tant qu'ils se

prononcent sur l'attribution du litige aux juridictions de l'ordre judiciaire ou administratif. Ce recours n'est recevable que si un déclinatoire de juridiction a été soulevé par ou devant la Cour de cassation ou le conseil d'État ;

- de juger pénalement le président de la République et le Premier ministre pour des infractions politiques de haute trahison, d'outrage au Parlement, d'atteinte à l'honneur ou à la probité ainsi que les délits d'initié et pour les autres infractions de droit commun commises dans l'exercice ou à l'occasion de l'exercice de leurs fonctions ; elle est également compétente pour juger leurs co-auteurs et complices ;
- de vérifier dans un délai d'un mois si les engagements internationaux comportent une clause contraire à la constitution.

3. Qui peut saisir la Cour constitutionnelle ?

Étant juge de l'exception d'inconstitutionnalité soulevée devant ou par une juridiction, toute personne peut saisir la Cour constitutionnelle pour inconstitutionnalité de tout acte législatif ou réglementaire.

Toutes décisions de la Cour constitutionnelle ne sont susceptibles d'aucun recours. Elles s'imposent aux pouvoirs publics, à toutes les autorités administratives et juridictionnelles et à toutes les personnes physiques et morales.

4. L'incompatibilité

Les fonctions de membre de la Cour constitutionnelle sont incompatibles avec toute fonction publique, politique, administrative ou toute activité privée ou professionnelle.

Remarque : en attendant l'installation de la Cour constitutionnelle, la Cour suprême de justice exerce les missions de celle-ci.

C. Les juridictions de l'ordre judiciaire

Par juridictions d'ordre judiciaire, il faut entendre « l'ensemble des juridictions, placées sous le contrôle de la Cour de cassation, et compétentes pour connaître des litiges entre personnes privées ainsi que du contentieux répressif[66] ».

---

[66] CABRILLAC (Rémy), op. cit, p. 280.

Les juridictions d'ordre judiciaire sont constituées des cours et tribunaux civils et militaires placés sous le contrôle de la Cour de cassation.

En ce qui concerne la Cour de cassation, elle a pour compétences de connaître des pourvois en cassation formés contre les arrêts et jugements rendus en dernier ressort par les cours et tribunaux civils et militaires. Selon l'article 153 de la constitution, la Cour de cassation connaît en premier et en dernier ressort des infractions commises par :

- les membres de l'Assemblée nationale et du Sénat ;
- les membres du gouvernement autres que le Premier ministre ;
- les membres de la Cour constitutionnelle ;
- les magistrats de la Cour de cassation ainsi que du parquet auprès de cette cour ;
- les membres du conseil d'État et les membres du Parquet auprès de ce conseil ;
- les membres de la Cour des comptes et les membres du parquet auprès de cette cour ;
- les premiers présidents des cours d'appel ainsi que les procureurs généraux auprès de ces cours, les premiers présidents des cours administratives d'appel et les procureurs auprès de ces cours ;
- les gouverneurs, les vice-gouverneurs de province et les ministres provinciaux ;
- les présidents des assemblées provinciales.

Les cours et tribunaux civils et militaires appliquent les traités internationaux dûment ratifiés, les lois, les actes réglementaires, pour autant qu'ils soient conformes aux lois ainsi que la coutume, pour autant que celle-ci ne soit pas contraire à l'ordre public ou aux bonnes mœurs.

Remarque : en attendant l'installation de la Cour de cassation, la Cour suprême de justice exerce les compétences de celle-ci.

D. Les juridictions de l'ordre administratif

Les juridictions de l'ordre administratif sont celles qui sont compétentes pour connaître des litiges dans lesquels l'administration est impliquée.

Le conseil de l'État et les cours et tribunaux administratifs constituent les juridictions de l'ordre administratif.

Placé au-dessus des cours et tribunaux administratifs, le conseil de l'État connaît, en premier et dernier ressort des recours pour violation de la loi, formés contre les actes, règlements et décisions des autorités administratives centrales. Il connaît en appel des recours contre les décisions des cours administratives d'appel. Il statue sur l'inexistence d'autres juridictions compétentes, de demande d'indemnités relatives à la réparation d'un dommage exceptionnel, matériel ou moral, résultant d'une mesure prise ou ordonnée par les autorités de la République. Il se prononce en équité en tenant compte de toutes les circonstances d'intérêt public ou privé.

Remarque : en attendant l'installation des juridictions de l'ordre administratif, la cour d'appel exerce les compétences de celles-ci.

E. Les juridictions militaires

Elles sont compétentes pour connaître les infractions commises par les membres des forces armées et de la police nationale.

Selon l'article 156 de la constitution, en temps de guerre ou lorsque l'état de siège ou d'urgence est proclamé, le président de la République, par une décision délibérée du conseil des ministres, peut suspendre sur tout ou partie de la République et pour la durée et les infractions qu'il fixe, l'action répressive des cours et tribunaux de droit commun au profit de celle des juridictions militaires. La Haute Cour militaire est au sommet des autres juridictions militaires. En revanche, le droit d'appel ne peut être suspendu.

F. Le Conseil supérieur de la magistrature

Il est l'organe de gestion du pouvoir judiciaire. Il veille sur la gestion de la carrière des magistrats et donne ses avis en matière de recours en grâce. Il statue comme conseil de discipline pour les magistrats.

Dans sa composition, il comprend :

- le président de la Cour constitutionnelle ;
- le procureur général près la Cour constitutionnelle ;
- le premier président de la Cour de cassation ;
- le procureur général près la Cour de cassation ;

- le premier président du conseil d'État ;
- le procureur général près le conseil d'État ;
- le premier président de la Haute Cour militaire ;
- l'auditeur général près la Haute Cour militaire ;
- les premiers présidents des cours d'appel ;
- les procureurs généraux près les cours d'appel ;
- les premiers présidents des cours administratives d'appel ;
- les procureurs généraux près les cours administratives d'appel ;
- les premiers présidents des cours militaires ;
- les auditeurs militaires supérieurs ; deux magistrats de siège par ressort de cour d'appel, élus par l'ensemble des magistrats du ressort pour un mandat de trois ans ; deux magistrats du parquet par ressort de cour d'appel, élus par l'ensemble des magistrats du ressort pour un mandat de trois ans ;
- un magistrat de siège par ressort de cour militaire ;
- un magistrat de parquet par ressort de cour militaire.

SECTION 4. LES AUTRES INSTITUTIONS POLITIQUES

Ici, l'accent est mis sur le conseil économique et social et les institutions d'appui à la démocratie (la commission électorale indépendante et le conseil supérieur de l'audiovisuel et de la communication).

A. Le conseil économique et social

Le conseil économique et social a la compétence sur tous les aspects du développement économique, social et culturel. Il participe à toute commission d'intérêt national à caractère économique, social et culturel. Il collecte, rédige, avec la participation des différentes entités qui le composent, à l'attention du président de la République, du gouvernement, du Sénat et de l'Assemblée nationale, le recueil annuel des attentes, des besoins et des problèmes de la société civile avec des orientations et des propositions.

En termes clairs, le conseil économique et social a pour mission de donner des avis consultatifs sur les questions économiques et socioculturelles qui lui sont soumises par le président de la République, l'Assemblée nationale ou le Sénat et le gouvernement.

Il peut, de sa propre initiative, appeler l'attention du gouvernement et des provinces sur les réformes qui lui paraissent de nature à favoriser le développement économique et social du pays.

B. Les institutions d'appui à la démocratie

Les institutions d'appui à la démocratie se répartissent en deux :

- la commission électorale et indépendante ;
- le conseil supérieur de l'audiovisuel et de la communication.

1. La commission électorale et indépendante

Comme cela a été dit dans l'analyse des institutions politiques issues de la constitution transitoire, la commission électorale indépendante est dotée d'une personnalité juridique.

Elle a comme tâche d'organiser le processus électoral, notamment de l'enrôlement des électeurs, de la tenue du fichier électoral, des opérations de vote, de dépouillement et de tout référendum. Elle assure également la régularité du processus électoral et référendaire.

2. Le conseil supérieur de l'audiovisuel et de la communication

Comme la commission électorale indépendante, le conseil supérieur de l'audiovisuel et de la communication est doté d'une personnalité juridique.

Il a comme mission de :

- garantir et assurer la liberté et la protection de la presse, ainsi que de tous les moyens de communication de masse dans le respect de la loi ;
- veiller au respect de la déontologie en matière d'information et à l'accès équitable des partis politiques, des associations et des citoyens aux moyens officiels d'information et de communication.

Remarque : les institutions d'appui à la démocratie sont dissoutes de plein droit dès l'installation du nouveau Parlement. Cette remarque étant faite, il est temps d'analyser les institutions provinciales.

CHAPITRE XIII

Les institutions provinciales sous la Troisième République (constitution du 18 février 2006)

Les provinces de la République démocratique du Congo sont décentralisées et dotées de la personnalité juridique. Les institutions provinciales sont :

- l'assemblée provinciale ;
- le gouvernement.

À côté de ces deux institutions, il existe la conférence des gouverneurs de province.

Ce chapitre est réparti en deux sections.

La section 1 est relative à l'analyse de l'assemblée provinciale, le gouvernement et la conférence des gouverneurs.

La section 2 traite de la répartition des compétences entre le pouvoir central et les provinces.

SECTION 1. L'ANALYSE DE L'ASSEMBLÉE PROVINCIALE, LE GOUVERNEMENT ET LA CONFÉRENCE DES GOUVERNEURS DE PROVINCE

A. L'assemblée provinciale

Elle est l'organe délibérant de la province. Elle délibère dans le domaine des compétences réservées à la province et contrôle le gouvernement provincial ainsi que les services publics provinciaux et locaux.

Ses membres sont appelés députés provinciaux.

En ce qui concerne l'élection des députés provinciaux, ils sont élus au suffrage universel direct et secret ou cooptés pour un mandat de cinq ans renouvelable. Juste une parenthèse sur la cooptation, qui constitue l'autorecrutement d'un organe ou d'une assemblée, dont les membres désignent eux-mêmes leurs collègues en cas de vacance ou pour compléter leur effectif. Autrement dit, la cooptation est un mode de recrutement des gouvernants consistant à désigner les nouveaux gouvernants par ceux qui sont déjà en fonction.

Le nombre de députés provinciaux cooptés ne peut dépasser le dixième des membres qui composent l'assemblée provinciale.

B. Le gouvernement provincial

Il est composé d'un gouverneur, d'un vice-gouverneur et des ministres provinciaux.

1. L'élection du gouverneur et du vice-gouverneur

Ils sont élus pour un mandat de cinq ans renouvelable une seule fois par les députés provinciaux au sein ou en dehors de l'assemblée provinciale. Ensuite, ils sont investis par ordonnance du président de la République.

Avant d'entrer en fonction, le gouverneur présente à l'assemblée provinciale le programme de son gouvernement provincial. Une fois que le programme est approuvé à la majorité absolue des membres qui composent l'assemblée provinciale, celle-ci investit les ministres provinciaux.

2. La désignation des ministres provinciaux

Ils sont désignés par les gouverneurs au sein ou en dehors de l'assemblée provinciale. La composition du gouvernement provincial tient compte de la représentativité provinciale.

3. La mise en jeu de la responsabilité des membres du gouvernement provincial

Les membres du gouvernement provincial peuvent être, collectivement ou individuellement, relevés de leurs fonctions par le vote d'une motion de censure ou de défiance de l'assemblée provinciale.

C. La conférence des gouverneurs de province

Elle réunit les gouverneurs de province, le président de la République, le Premier ministre et le ministre de l'Intérieur. Tout autre membre du gouvernement peut y être invité.

La conférence des gouverneurs de province est présidée par le président de la République.

Sa mission est d'émettre des avis et de formuler des suggestions sur la politique à mener et sur la législation à édicter par la République.

En ce qui concerne la réunion de conférence des gouverneurs de province, elle se réunit au moins deux fois par an sur convocation de son président. Elle se tient à tour de rôle dans chaque province.

SECTION 2. LA RÉPARTITION DES COMPÉTENCES ENTRE LE POUVOIR CENTRAL ET LES PROVINCES

Dans cette section, l'accent est mis sur la répartition entre le pouvoir central et les provinces. Il y a des matières qui relèvent soit de la compétence exclusive du pouvoir central, soit de la compétence concurrente du pouvoir central et des provinces, soit de la compétence exclusive des provinces.

A. Les observations générales sur la répartition des compétences entre le pouvoir central et les provinces

Une assemblée provinciale ne peut légiférer sur les matières de la compétence exclusive du pouvoir central. Réciproquement, l'Assemblée nationale ou le Sénat ne peut légiférer sur les matières de la compétence exclusive d'une province.

Toutefois, l'Assemblée nationale ou le Sénat peut, par une loi, habiliter une assemblée provinciale à légiférer sur des matières de la compétence exclusive du pouvoir central. Lorsque l'Assemblée nationale ou le Sénat met fin à la délégation de pouvoir ainsi donnée à l'assemblée provinciale, les dispositions des lois provinciales promulguées en matière de compétence exclusive du pouvoir central, en vertu de cette délégation de pouvoir, demeurent cependant en vigueur dans la province intéressée jusqu'à ce qu'une loi nationale les ait réglées.

Pareillement, une assemblée provinciale peut, par une loi, habiliter l'Assemblée nationale ou le Sénat à légiférer sur des matières de compétence exclusive de la province. Lorsque l'assemblée provinciale met fin à la délégation de pouvoir ainsi donnée à l'Assemblée nationale ou au Sénat, les dispositions de lois nationales promulguées en matière de compétence exclusive des provinces, en vertu de cette délégation de pouvoir, demeurent cependant en vigueur dans la province intéressée jusqu'à ce qu'une loi provinciale les ait réglées.

Dans les matières relevant de la compétence concurrente du pouvoir central et des provinces, toute loi provinciale incompatible avec les lois et règlements d'exécution nationaux est nulle ou abrogée de plein droit, dans la mesure où il y a incompatibilité. La législation nationale prime sur la législation provinciale.

B. Les relations interprovinciales

Selon l'article 199 de la constitution, deux ou plusieurs provinces peuvent, d'un commun accord, créer un cadre d'harmonisation et de coordination de leurs politiques respectives et gérer en commun certains services dont les attributions portent sur les matières relevant de leurs compétences.

Les matières relevant de la compétence concurrente du pouvoir central et des provinces

Selon l'article 203 de la constitution, les matières suivantes sont de la compétence concurrente du pouvoir central et des provinces :

- 1. La mise en œuvre des mécanismes de promotion et de sauvegarde des droits humains et des libertés fondamentales consacrés dans la présente constitution ;
- 2. Les droits civils et coutumiers ;
- 3. Les statistiques et les recensements ;
- 4. La sûreté intérieure ;
- 5. L'administration des cours et tribunaux, des maisons d'arrêt et de correction et des prisons pour peines ;
- 6. La vie culturelle et sportive ;
- 7. L'établissement des impôts, y compris les droits d'accise et de consommation, à l'exclusion des impôts visés à l'article 174 ;
- 8. L'exécution des mesures sur la police des étrangers ;
- 9. La recherche scientifique et technologique ainsi que les bourses d'études, de perfectionnement et d'encouragement à la recherche ;

- 10. Les institutions médicales et philanthropiques, l'engagement du personnel médical et agricole de commandement ;
- 11. La mise en œuvre des programmes de la météorologie, de la géologie, de la cartographie et de l'hydrologie ;
- 12. Les calamités naturelles ;
- 13. La presse, la radio, la télévision, l'industrie cinématographique ;
- 14. La protection civile ;
- 15. Le tourisme ;
- 16. Les droits fonciers et miniers, l'aménagement du territoire, le régime des eaux et forêts ;
- 17. La prévention des épidémies et épizooties dangereuses pour la collectivité ;
- 18. La protection de l'environnement, des sites naturels, des paysages et la conservation des sites ;
- 19. La réglementation sur les régimes énergétiques, agricoles et forestiers, l'élevage, les denrées alimentaires d'origine animale et végétale ;
- 20. La création d'établissements primaires, secondaires, supérieurs et universitaires ;
- 21. Le trafic routier, la circulation automobile, la construction et l'entretien des routes d'intérêt national, la perception et la répartition des péages pour l'utilisation des routes construites par le pouvoir central et par la province ;
- 22. Les institutions médicales et philanthropiques ;
- 23. L'initiative des projets, programmes et accords de coopération économique, culturelle, scientifique et sociale internationale ;
- 24. La production, le transport, l'utilisation et l'exploitation de l'énergie ;
- 25. La protection des groupes de personnes vulnérables.

C. Les matières relevant de la compétence exclusive du pouvoir central

Les matières suivantes sont de la compétence exclusive du pouvoir central (article 202 de la constitution) :

- 1. Les affaires étrangères comprenant les relations diplomatiques ainsi que les traités et accords internationaux ;
- 2. La réglementation du commerce extérieur ;

- 3. La nationalité, le statut et la police des étrangers ;
- 4. L'extradition, l'immigration, l'émigration et la délivrance de passeports et de visas ;
- 5. La sûreté extérieure ;
- 6. La défense nationale ;
- 7. La police nationale ;
- 8. La fonction publique nationale ;
- 9. Les finances publiques de la République ;
- 10. L'établissement des impôts sur le revenu, des impôts sur les sociétés et des impôts personnels, conformément à l'article 174 ;
- 11. La dette publique de la République ;
- 12. Les emprunts extérieurs pour les besoins de la République ou des provinces ;
- 13. Les emprunts intérieurs pour les besoins de la République ;
- 14. La monnaie, l'émission de la monnaie et le pouvoir libératoire de la monnaie ;
- 15. Les poids, mesures et informatique ;
- 16. Les douanes et les droits d'importation et d'exportation ;
- 17. La réglementation concernant les banques et les opérations bancaires et boursières ;
- 18. La réglementation des changes ;
- 19. La propriété littéraire, artistique et industrielle et les brevets ;
- 20. Les postes et les télécommunications, y compris les téléphones et télégraphes, la radiodiffusion, la télévision et les satellites ;
- 21. La navigation maritime et intérieure, les lignes aériennes, les chemins de fer, les routes et autres voies de communication, naturelles ou artificielles qui relient deux ou plusieurs provinces ou le territoire de la République à un territoire étranger, ou qu'une loi nationale a déclarée d'intérêt national bien qu'elles soient entièrement situées sur le territoire d'une province ;
- 22. Les universités et autres établissements d'enseignement scientifique, technique ou professionnel supérieur créés ou subventionnés par le gouvernement central ou par les gouvernements provinciaux et qu'une loi nationale a déclarés d'intérêt national ;

- 23. L'établissement des normes d'enseignement applicables dans tous les territoires de la République ;
- 24. L'acquisition des biens pour les besoins de la République, sans préjudice des dispositions de l'article 34 ;
- 25. L'élaboration des programmes agricoles, forestiers et énergétiques d'intérêt national et la coordination des programmes d'intérêt provincial ;

  Les offices des produits agricoles et les organismes assimilés ainsi que la répartition des cadres conformément au statut des agents de carrière des services publics de l'État ;

  Les régimes énergétiques, agricoles et forestiers sur la chasse et la pêche, sur la conservation de la nature (flore et faune), sur la capture, sur l'élevage, sur les denrées alimentaires d'origine animale et l'art vétérinaire ;
- 26. La protection contre les dangers occasionnés par l'énergie ou par les radiations et l'élimination des substances radioactives ;
- 27. La prévention des abus des puissances économiques ;
- 28. Le patrimoine historique, les monuments publics et les parcs déclarés d'intérêt national ;
- 29. Les services de la météorologie et la coordination technique des services de la géodésie, de la cartographie et de l'hydrographie ;
- 30. La nomination et l'affectation des inspecteurs provinciaux de l'enseignement primaire, secondaire, professionnel et spécial ;
- 31. Les statistiques et le recensement d'intérêt national ;
- 32. La planification nationale ;
- 33. La recherche scientifique et technologique ;
- 34. Les plans directeurs nationaux de développement des infrastructures de base, notamment les ports, les aéroports, les gares ;
- 35. L'assistance aux anciens combattants et les handicapés de guerre ;
- 36. La législation concernant notamment :
  - Le code de commerce, y compris les assurances ;
  - La constitution et l'agrément des sociétés ;
  - Le code pénal, le régime pénitentiaire ;
  - Le code d'organisation et de compétence judiciaire et le code judiciaire ;
  - La législation pour les professions libérales ;

- La législation du travail comprenant, notamment, les lois régissant les relations entre employeurs et travailleurs, la sécurité des travailleurs, les règles relatives à la sécurité sociale et, en particulier, les règles relatives aux assurances sociales et au chômage involontaire ;
- La législation économique comprenant les lois concernant les mines, minéraux et huiles minérales, l'industrie, les sources d'énergie et la conservation des ressources naturelles ;
- La législation sur les arts et métiers ;
- La législation médicale et l'art de guérir, la médecine préventive, notamment l'hygiène, la salubrité publique et la protection maternelle et infantile, la législation sur la profession de pharmacien, sur le commerce pharmaceutique, sur l'immigration et le transit, les règlements sanitaires bilatéraux et internationaux, la législation sur l'hygiène du travail, la coordination technique des laboratoires médicaux et la répartition des médecins ;
- La loi électorale ;
- La législation sur la fabrication, la rectification, l'importation, l'exportation et la vente de l'alcool obtenu par la distillation ;
- La législation sur la fabrication, l'importation et l'exportation, et la vente des boissons alcoolisées et non alcoolisées ;
- La législation sur la fabrication, l'importation et l'exportation et le transit de matériel de guerre ;
- La législation sur la fécondation artificielle chez l'être humain, sur la manipulation des informations génétiques et sur les transplantations d'organes et des tissus humains ;
- La législation sur les réfugiés, les expulsés et les personnes déplacées ;
- La législation sur l'admission aux professions médicales et aux autres professions et activités.

D. Les matières relevant de la compétence exclusive des provinces

Selon l'article 204 de la constitution, les matières suivantes sont de la compétence exclusive des provinces :

- 1. Le plan d'aménagement de la province ;
- 2. La coopération interprovinciale ;
- 3. La fonction publique provinciale et locale ;

- 4. L'application des normes régissant l'état civil ;
- 5. Les finances publiques provinciales ;
- 6. La dette publique provinciale ;
- 7. Les emprunts intérieurs pour les besoins des provinces ;
- 8. La délivrance et la conservation des titres immobiliers dans le respect de la législation nationale ;
- 9. L'organisation du petit commerce frontalier ;
- 10. L'organisation et le fonctionnement des services publics, établissements et entreprises publiques provinciaux dans le respect de la législation nationale ;
- 11. Les travaux et marchés publics d'intérêts provincial et local ;
- 12. L'acquisition des biens pour les besoins de la province ;
- 13. L'enseignement maternel, primaire, secondaire, professionnel et spécial ainsi que l'alphabétisation des citoyens, conformément aux normes établies par le pouvoir central ;
- 14. L'établissement des peines d'amende ou de prison pour assurer le respect des édits en conformité avec la législation nationale ;
- 15. Les communications intérieures des provinces ;
- 16. Les impôts, les taxes et les droits provinciaux et locaux, notamment l'impôt foncier, l'impôt sur les revenus locatifs et l'impôt sur les véhicules automoteurs ;
- 17. La fixation des salaires minima provinciaux, conformément à la législation nationale ;
- 18. L'affectation du personnel médical conformément au statut des agents de carrière des services publics de l'État, l'élaboration des programmes d'assainissement et de campagne de lutte contre les maladies endémo-épidémiques, conformément au plan national : l'organisation des services d'hygiène et de prophylaxie provinciale, l'application et le contrôle de la législation médicale et pharmaceutique nationale, ainsi que l'organisation des services de la médecine curative, des services philanthropiques et missionnaires, des laboratoires médicaux et des services pharmaceutiques, l'organisation et la promotion des soins de santé primaires ;
- 19. L'élaboration de programmes miniers, minéralogiques, industriels, énergétiques d'intérêt provincial et leur exécution, conformément aux normes générales du planning national ;

- 20. L'élaboration de programmes agricoles et forestiers et leur exécution, conformément aux normes du planning national, l'affectation du personnel agricole, des cadres, conformément aux dispositions du statut des agents de carrière des services publics de l'État, l'application de la législation nationale concernant l'agriculture, la forêt, la chasse et la pêche, ainsi que l'environnement, la conservation de la nature et la capture d'animaux sauvages, l'organisation et le contrôle des campagnes agricoles, la fixation de prix des produits agricoles ;
- 21. L'affectation en province du personnel vétérinaire, conformément au statut des agents de carrière des services publics de l'État ; l'élaboration de programmes de campagne de santé animale et l'application des mesures de la police sanitaire vétérinaire, notamment en ce qui concerne les postes frontaliers et de quarantaine ;
- 22. L'organisation de campagnes de vaccination contre les maladies azootiques, l'organisation des laboratoires, cliniques et dispensaires ainsi que l'application de la législation nationale en matière vétérinaire, l'organisation de la promotion de santé de base ;
- 23. Le tourisme, le patrimoine historique, les monuments publics et les parcs d'intérêt provincial et local ;
- 24. L'habitat urbain et rural, la voirie et les équipements collectifs provinciaux et locaux ;
- 25. L'inspection des activités culturelles et sportives provinciales ;
- 26. L'exploitation des sources d'énergie non nucléaire et la production d'eau pour les besoins de la province ;
- 27. L'exécution des mesures du droit de résidence et d'établissement des étrangers, conformément à la loi ;
- 28. L'exécution du droit coutumier ;
- 29. La planification provinciale.

BIBLIOGRAPHIE

I. BIBLIOGRAPHIE GÉNÉRALE

A. Ouvrages de droit public

AUBY (J.L.), *Droit public*, 2 t. Sirey, 12e éd., 1996.
DUBOUIS (L.), PEISER (G), *Droit public*, mémentos Dalloz, 14e éd., 1999.
ETIEN (R.), *Initiation au droit public*, Ellipses, 1998.
GEORGES (P.H.), *Droit public*, Dalloz, 11e éd., 1999.
MOREAU (J.), *Droit public*, 2t., Economica, 1995.
STIRN, *Les sources constitutionnelles du droit public : introduction au droit public*, LGDJ, Systèmes, 2008.
TROTABAS (L.), ISOART (P.), *Droit public*, LGDJ, 24e éd., 1998.
TRUCHET, *Le droit public*, PUF, Que sais-je ?, 2003.

B. Ouvrages de droit constitutionnel

ARDANT (P.), *Droit constitutionnel et institutions politiques, Préparation à l'examen*, LGDJ, 1997.
ARDANT (P.), *Institutions politiques, Droit constitutionnel*, 15e éd., LGDJ, Paris, 2003.
ARDANT (P.), *Institutions politiques et droit constitutionnel*, LGDJ, 2005.
AVRIL (P.), GICQUEL (J.), *Lexique de droit constitutionnel,* Que sais-je ?, n°3655, PUF, Paris.
BARANGER (D.), *Le droit constitutionnel*, PUF, Que sais-je ?, 2002.
BARANGER (D), *Le droit constitutionnel*, PUF, Que sais-je ?, 2010.
BIDEGARAY (C.), EMERI (C.), SERIN (J.-L.), *Droit constitutionnel et institutions politiques*, PUF, Thémis, exercices et corrigés, 1983.

BURDEAU (G.), HAMON (F.), TROPER (M.), *Droit constitutionnel et institutions politiques*, 28e éd., LGDJ, Paris, 2003.

BURDEAU (G.), HAMON (F.), TROPER (M.), *Droit constitutionnel*, LGDJ, 2005.

CADART (J.), *Institutions politiques et droit constitutionnel*, 2e et 3e éd., Économica, Paris, 1990-1991 (2 vol.).

CADOUX (C.H.), *Droit constitutionnel et institutions politiques*, 2 vol., Cujas, vol. 1, 1988 ; vol. 2, 1983.

CADOUX (C.H.), *Droit constitutionnel et institutions politiques*, 4e éd., Cujas, Paris, 1995.

CHAGNOLLAUD (D.), *Droit constitutionnel contemporain*, 2 vol., tome 2, *Le régime politique français*, 3e éd., Sirey, Paris, 2003.

CHAGNOLLAUD (D.), *Droit constitutionnel contemporain*, 2 vol., A. Colin, 2004.

CHALVIDAN (P.H.), *Droit constitutionnel, institutions et régimes politiques*, Nathan, 1996.

CHANTEBOUT (B.), *Droit constitutionnel et science politique*, 19e éd., A. Colin, Paris, 2003.

CHANTEBOUT (B.), *Droit constitutionnel,* A. Colin, *Brève histoire politique et institutionnelle de la Ve République,* A. Colin, Paris, 2004.

COHENDET (M.), *Droit constitutionnel*, 2e éd., coll. Focus droit, Montchrestien, Paris, 2002.

DEBBASCH (R.), *Droit constitutionnel*, LITEC, 2003.

DEBBASCH (R.), *Droit constitutionnel* 4e éd., LITEC, Paris 2004.

DUHAMEL (O.), MENY (Y.), *Dictionnaire constitutionnel*, PUF, 1992.

DUHAMEL (O.), *Droit constitutionnel*, 2 vol. (*Le système politique en France, les démocraties*). Seuil, Paris, 1999-2000.

FOILLARD (P.H.), *Droit constitutionnel et institutions politiques*, Centre de publications universitaires, 2003.

GELARD (P.), MEUNIER (J.), *Institutions politiques et droit constitutionnel*, 4e éd., 2001 et 3e éd., coll. AES, Montchrestien. Paris, 2001.

GICQUEL (J.), *Droit constitutionnel et institutions politiques françaises*, LGDJ, Paris, septembre 2015.

TROPER (M.) et HAMON (F.), *Droit constitutionnel*, LGDJ, Paris, septembre 2015.

II. DOCUMENTS SPÉCIALISÉS

CONSTITUTION DU 18 FEVRIER 2006.

CONSTITUTION DU 24 JUIN 1967.

LA LOI FONDAMENTALE DU 19 MAI 1960.

JOURNAL OFFICIEL DE LA RÉPUBLIQUE DU ZAÏRE N°24 DE 1971.

JOURNAL OFFICIEL DE LA RÉPUBLIQUE DU ZAÏRE N°02 DE 1972.

JOURNAL OFFICIEL DE LA RÉPUBLIQUE DU ZAÏRE N°05 DE 1973.

JOURNAL OFFICIEL DE LA RÉPUBLIQUE DU ZAÏRE N°05 DU 1ER MARS 1978.

JOURNAL OFFICIEL DE LA RÉPUBLIQUE DU ZAÏRE N°05 BIS DU 1ERJANVIER 1980.

JOURNAL OFFICIEL DE LA RÉPUBLIQUE DU ZAÏRE N°01 DU 1ER JANVIER 1983.

JOURNAL OFFICIEL DE LA RÉPUBLIQUE DU ZAÏRE N° SPÉCIAL DE JUILLET 1990.

JOURNAL OFFICIEL DE LA RÉPUBLIQUE DU ZAÏRE N° SPÉCIAL DE JUILLET 1990.

JOURNAL OFFICIEL DE LA R.D.C., CONSTITUTION DE LA TRANSITION 2003-2005.

ACCORD GLOBAL ET INCLUSIF EN REPUBLIQUE DEMOCRATIQUE DU CONGO, 2003.

JOURNAL OFFICIEL DE LA R.D.C., CONSTITUTION DE LA TROISIEME REPUBLIQUE DU 18 FEVRIER 2006.

MONITEUR CONGOLAIS N°41 DU 10 OCTOBRE 1960.

MONITEUR CONGOLAIS N°04 DE 1961.

MONITEUR CONGOLAIS N° SPÉCIAL DU 5 OCTOBRE 1965.

MONITEUR CONGOLAIS N°07 DE 1966.

MONITEUR CONGOLAIS N°01 DE 1967.

MONITEUR CONGOLAIS N°14 JUILLET 1967.

MONITEUR CONGOLAIS N°09 DE 1970.

MONITEUR CONGOLAIS N°01 DE 1971.

JOURNAL OFFICIEL DE LA RÉPUBLIQUE DU ZAÏRE N°21 DE 1971.

TABLE DES MATIÈRES

République démocratique du Congo aux éditions L'Harmattan

Dernières parutions

LES BALUBA
Histoire, cosmologie et sémiologie d'un peuple bantu
Lwa Malale Lukanda ; Préface de Banza Mukalay Nsungu ;
Avant-texte de Manda Tchebwa ; Postscriptum de Joseph Ibongo
Avec force images et autres illustrations, cet ouvrage présente les «traits marquants» du peuple «muluba» : son identité ethnique, son histoire, sa cosmologie, sa sémiologie et ses créations culturelles majeures. Les «Baluba», dont l'auteur révèle l'existence au-delà du deuxième millénaire avant Jésus-Christ, forment un peuple à la fois un, dans l'unité géographique et démographique, et multiple, dans la diversité des nations qui se revendiquent de sa descendance et de sa parenté culturelle : de l'Afrique centrale à l'Afrique du Sud, de l'Océan atlantique à l'Océan indien.
(Coédition CICIBA, Harmattan RDC, 26.00 euros, 232 p.)
ISBN : 978-2-343-06036-1, ISBN EBOOK : 978-2-336-38163-3

L'UNIVERSITÉ DE KINSHASA EN QUÊTE DE REPÈRES
Mawanzi Manzenza Thomas
Cet ouvrage aborde la question de la crise du renouvellement du personnel académique au sein de l'université de Kinshasa, une institution qui a connu, au cours de son évolution, à la fois le phénomène colonial, l'africanisation de ses structures et les enjeux de la mondialisation. Cette étude nous montre comment l'université s'est laissé gouverner par des pratiques de racisme et de discrimination pour le contrôle du monopole de l'autorité scientifique.
(Coll. Études africaines, 29.00 euros, 288 p.)
ISBN : 978-2-343-05092-8, ISBN EBOOK : 978-2-336-38084-1

GUERRE ET VIOL
Deux faces de fléaux traumatiques en République Démocratique du Congo
Otita Likongo Marcel
Cet ouvrage présente le contexte de survenue du traumatisme psychique, le concept de stress post-traumatique, les développements psycho-traumatiques et leurs modalités expressives. Une série d'événements traumatiques, où la population victime est toujours abandonnée par manque des structures étatiques d'encadrement et non-reconnaissance du poste de psychologue en RDC, y sont répertoriés : guerres, violences sexuelles, accidents de circulation, crash d'avion, naufrage, etc.
(Coll. Études africaines, 21.00 euros, 216 p.)
ISBN : 978-2-343-06270-9, ISBN EBOOK : 978-2-336-38098-8

RD CONGO, LE 30 JUIN 2005
Ça passe ou ça casse ? – Retour sur un épisode crucial de l'histoire congolaise
Mukalay Nsungu Banza - Préface de Camille Sesep N'Sial
«Ce texte a été publié pour la 1ère fois en juin 2005, dans un contexte de grande tension sociale et politique en RDC. Une tension liée à l'interprétation de l'article 196 de la «Constitution de la transition», portant sur la date du 30 juin 2005, censée mettre fin à la période de la «transition

politique». Au moment où nous rééditons ce texte, pour la richesse de sa teneur historique, le contexte politique congolais est une fois de plus dominé par le débat constitutionnel, avec en perspective les nébulosités de l'horizon 2016...» Eddie Tambwe Kitenge
(Coll. Comptes Rendus, 14.00 euros, 129 p.)
ISBN : 978-2-343-06354-6, ISBN EBOOK : 978-2-336-37971-5

DROIT CONGOLAIS DU TRAVAIL
Masanga Phoba Mvioki Jacqueline
Préface de Célestin Nguya-Ndila Malengana
Ce manuel expose l'état de la législation et de la réglementation, de la doctrine et de la jurisprudence en matière du travail en RDC. Le regard porte sur les rapports individuels (la conclusion, l'exécution, la cessation du contrat de travail, le règlement des litiges individuels de travail) et sur les rapports collectifs (les organisations professionnelles des travailleurs et d'employeurs, les conventions collectives, le règlement des litiges collectifs de travail).
(Harmattan RDC, 31.00 euros, 302 p.)
ISBN : 978-2-343-06372-0, ISBN EBOOK : 978-2-336-38099-5

JULIEN KILANGA MUSINDE
Une parole en itinérance
Réflexions et témoignages sur un parcours intellectuel
Textes réunis par Jean-Marie Dikanga Kazadi et Emmanuel M. Banywesize
Les textes réunis dans ce collectif tentent d'objectiver l'œuvre diversifiée de Julien Kilanga Musinde. Venus des quatre coins du monde, des intellectuels et des chercheurs de divers horizons rendent hommage à cet amabassadeur de l'université et des lettres congolaises en francophonie. Par son écriture, Julien Kilanga Musinde n'a, en effet, cessé de se raconter, d'accompagner l'Université dans sa marche et de contribuer ainsi à l'humanité du monde.
(Harmattan RDC, 26.00 euros, 252 p.)
ISBN : 978-2-343-06458-1, ISBN EBOOK : 978-2-336-38153-4

CONJONCTURES CONGOLAISES 2014
Politiques, territoires et ressources naturelles : changements et continuités
Sous la direction de Stefaan Marysse et Jean Omasombo Tshonda
La toile de fond de ce volume est la question de la profondeur ou de la superficialité du changement qui se manifeste en RDC depuis plus d'une décennie. Certaines ruptures avec le passé sont manifestes mais l'enracinement profond des comportements clientélistes dans le domaine politique est de nature à fragiliser les avancées. C'est surtout dans le champ économique que les changements sont réels. Mais cet essor économique est-il durable et signifie-t-il une rupture permanente avec le passé ?
(Coll. Cahiers Africains, 32.50 euros, 316 p.)
ISBN : 978-2-343-05981-5, ISBN EBOOK : 978-2-336-37469-7

POUR UNE RDC NOUVELLE
De l'horreur à l'aurore
Mazola Ayinepa Joseph
Plus de six millions de morts tombés dans une guerre d'invasion et de prédation en RDC. Faut-il vraiment répandre sans merci le sang des Congolais, pour exploiter leurs nombreuses ressources minières ? Doit-on continuer à rester insensibles, à multiplier discours et négociations, alors que l'ennemi gagne du terrain ? Où est allée l'élite congolaise ? Inquiet de la situation exécrable que vit le peuple, l'auteur milite pour une évolution positive de la RDC.
(Coll. Politique et dynamiques religieuses en Afrique, 24.00 euros, 242 p.)
ISBN : 978-2-343-05219-9, ISBN EBOOK : 978-2-336-36595-4

RAPPORT SUR LA THÉMATIQUE POLITIQUE
Ateliers du cinquantenaire du Parti lumumbiste unifié (PALU)
Au-delà de la forme, qui permet de dire que la RDC est un État souverain et une République, le PALU (Parti lumumbiste unifié) veut aller au fond des choses, en réfléchissant sur les attributs de

la souveraineté de l'État que sont notamment la défense, la diplomatie et la monnaie. En outre, il y a lieu d'apprécier les régimes politiques connus en RDC, au regard des critères fondateurs d'une République : - la source de légitimité des pouvoirs constituants - le mode d'accès des dirigeants au pouvoir - l'équilibre des pouvoirs entre les différentes institutions.
(Coll. Dossiers, Études et Documents, 10.00 euros, 58 p.)
ISBN : 978-2-343-06195-5, ISBN EBOOK : 978-2-336-37539-7

LA SORCELLERIE CHEZ LES DING DE LA RDC
Nkumisongo Vavi Fabiyo François-Xavier
La sorcellerie constitue une force surhumaine, une croyance et une pratique ambiguë, notamment chez les Ding de RDC. L'accent a été mis sur le rôle, le pouvoir et la position du sorcier ainsi que sur les voies d'accès et celle de sa transmission. D'autres phénomènes sont analysés tels que l'incarnation, la réincarnation, l'antisorcellerie, la science et la recherche scientifique. Sans oublier le génie créatif ou inventif propres à chaque peuple. Également liée à la religion, elle est à ce titre l'opium du peuple Ding. Elle bloque par l'envoûtement, il faut chercher à la débloquer par des mécanismes d'antisorcellerie.
(Coll. Géopolitique mondiale, 12.00 euros, 106 p.)
ISBN : 978-2-343-04505-4, ISBN EBOOK : 978-2-336-37078-1

CONVICTIONS ET ESPÉRANCES POUR LA RÉPUBLIQUE DÉMOCRATIQUE DU CONGO
Verbatim (2008-2014)
Mukalay Nsungu Banza
Préface de Manda Tchebwa
Ce livre restitue la vision de l'homme politique pour son pays au travers des «écrits et des dits». Le lecteur découvre les idées-forces du politique qui accompagne le développement d'un secteur socioculturel de la RD Congo. Banza Mukalay Nsungu a été élu quatre fois député de Lubumbashi et ministre dans plusieurs gouvernements. Il est depuis 2012 ministre de la Culture et des Arts de la RD Congo.
(Coll. Comptes Rendus, 21.00 euros, 210 p.)
ISBN : 978-2-343-05743-9, ISBN EBOOK : 978-2-336-37101-6

MA VÉRITÉ SUR LE MARÉCHAL MOBUTU ET SUR LA TRANSITION DÉMOCRATIQUE AU ZAÏRE (1990-1997)
Mukalay Nsungu Banza
Préface de Camille Sesep N'sial
La «transition démocratique» en République démocratique du Congo aura été l'une des plus troubles, complexes et longues de tout le continent africain (1990-2006). Acteur et témoin privilégié de l'histoire politique de ces dernières décennies, l'auteur pose un regard critique sur ces années de tumulte, en interpellant la responsabilité de l'acteur politique congolais. En évoquant ses rapports privilégiés avec le maréchal Mobutu, qui lui confiera la direction de son parti, l'auteur pose aussi son jugement global sur le déroulement de la transition.
(Coll. Comptes Rendus, 16.50 euros, 162 p.)
ISBN : 978-2-343-05741-5, ISBN EBOOK : 978-2-336-37097-2

LES MOTS RÉCURRENTS DE LA TRANSITION POLITIQUE AU ZAÏRE (1990-1997)
Mukalay Nsungu Banza
Rompant avec la tradition qui confine l'étude du vocabulaire et du discours politique dans les sphères des chercheurs spécialisés, l'auteur s'intéresse ici aux mots récurrents de la période politique de la Transition (1990-1997) au Zaïre (actuelle RDC). Une période politique qui va du discours historique de la démocratisation, prononcé par le président Mobutu le 24 avril 1990, à l'avènement du président Laurent-Désiré Kabila, le 17 mai 1997. L'ouvrage constitue également une contribution à l'étude du français d'Afrique subsaharienne et spécialement de la RDC.
(Coll. Comptes Rendus, 9.00 euros, 56 p.)
ISBN : 978-2-343-05742-2, ISBN EBOOK : 978-2-336-37092-7

L'U.D.P.S. DANS L'ŒIL DU CYCLONE

La violence politique au Zaïre sous Mobutu (octobre 1985)

Mutamba Makombo Jean-Marie

Cet ouvrage relate la traque et la répression d'un mouvement d'opposition clandestin au Zaïre (R.D. Congo) sous la Deuxième République : l'Union pour la Démocratie et le Progrès Social (UDPS). L'auteur s'appuie sur les rapports d'information établis en octobre 1985 par le Corps des Activistes pour la Défense de la Révolution (CADER), qui témoignent des tribulations du petit peuple qui a souffert pour le triomphe du multipartisme et de la démocratie. Ils révèlent aussi les luttes d'influences, la lutte d'intérêts et de clans au sein du Parti unique.

(12.00 euros, 104 p.)

ISBN : 978-2-343-05729-3, ISBN EBOOK : 978-2-336-37252-5

VALORISER L'EXPÉRIENCE DANS L'ENSEIGNEMENT ADMINISTRATIF

Manuel de psychologie et des sciences de l'éducation en République du Congo

Tabezi Pene-Magu Bernard-Gustave

La notion d'expérience est devenue une référence majeure, aussi bien en éducation que dans tous les métiers où des personnes agissent sur l'activité d'autres personnes (orientation, conseil, management, soins). Elle est de plus en plus valorisée au sein de l'enseignement scolaire comme le montre la promotion des pratiques pédagogiques prônant le recours à l'expérience et à l'expérimentation comme source des apprentissages...

(Coll. Études africaines, 19.00 euros, 192 p.)

ISBN : 978-2-343-05376-9, ISBN EBOOK : 978-2-336-37157-3

DES ÉCOLES PRIMAIRES «EFFICACES»

Étude de leurs déterminants à Kisangani

Kamba Eyanganunga Albert

Dans un environnement scolaire marqué par de forts taux de déperdition et des faibles niveaux d'acquis par les élèves, certaines écoles sortent du lot. Ces écoles primaires efficaces fonctionnent dans un climat scolaire positif, recourent à des pratiques éducatives maximisant le temps d'enseignement et à des pratiques managériales participatives et orientées vers les objectifs.

(Coll. Études africaines, 31.00 euros, 290 p.)

ISBN : 978-2-343-05350-9, ISBN EBOOK : 978-2-336-37239-6

LA BANQUE MONDIALE ET LA RÉFORME DES ENTREPRISES PUBLIQUES CONGOLAISES (RDC)

Une analyse critique des enjeux politiques, économiques et sociaux

Mpoy Kadima Godé

Malgré un cadre macroéconomique en relative amélioration, le redressement des entreprises publiques congolaises (RDC) demeure au coeur des enjeux de la relance de l'économie nationale. Victimes des conjonctures et politiques publiques défavorables à leur expansion, ces entreprises sont, pour la plupart d'entre elles, au bord de la faillite. L'option de la privatisation, préconisée comme solution par le gouvernement congolais, ne peut s'imposer comme l'unique voie de recours. Ce vaste plan de privatisation risque d'entraîner des conséquences néfastes sur les plans économique, social et politique.

(Coll. Comptes Rendus, 18.00 euros, 182 p.)

ISBN : 978-2-343-05927-3, ISBN EBOOK : 978-2-336-37273-0

L'HARMATTAN ITALIA
Via Degli Artisti 15; 10124 Torino
harmattan.italia@gmail.com

L'HARMATTAN HONGRIE
Könyvesbolt ; Kossuth L. u. 14-16
1053 Budapest

L'HARMATTAN KINSHASA
185, avenue Nyangwe
Commune de Lingwala
Kinshasa, R.D. Congo
(00243) 998697603 ou (00243) 999229662

L'HARMATTAN CONGO
67, av. E. P. Lumumba
Bât. – Congo Pharmacie (Bib. Nat.)
BP2874 Brazzaville
harmattan.congo@yahoo.fr

L'HARMATTAN GUINÉE
Almamya Rue KA 028, en face
du restaurant Le Cèdre
OKB agency BP 3470 Conakry
(00224) 657 20 85 08 / 664 28 91 96
harmattanguinee@yahoo.fr

L'HARMATTAN MALI
Rue 73, Porte 536, Niamakoro,
Cité Unicef, Bamako
Tél. 00 (223) 20205724 / +(223) 76378082
poudiougopaul@yahoo.fr
pp.harmattan@gmail.com

L'HARMATTAN CAMEROUN
BP 11486
Face à la SNI, immeuble Don Bosco
Yaoundé
(00237) 99 76 61 66
harmattancam@yahoo.fr

L'HARMATTAN CÔTE D'IVOIRE
Résidence Karl / cité des arts
Abidjan-Cocody 03 BP 1588 Abidjan 03
(00225) 05 77 87 31
etien_nda@yahoo.fr

L'HARMATTAN BURKINA
Penou Achille Some
Ouagadougou
(+226) 70 26 88 27

L'HARMATTAN SÉNÉGAL
10 VDN en face Mermoz, après le pont de Fann
BP 45034 Dakar Fann
33 825 98 58 / 33 860 9858
senharmattan@gmail.com / senlibraire@gmail.com
www.harmattansenegal.com

L'HARMATTAN BÉNIN
ISOR-BENIN
01 BP 359 COTONOU-RP
Quartier Gbèdjromèdé,
Rue Agbélenco, Lot 1247 I
Tél : 00 229 21 32 53 79
christian_dablaka123@yahoo.fr

Achevé d'imprimer par Corlet Numérique - 14110 Condé-sur-Noireau
N° d'Imprimeur : 129954 - Dépôt légal : juin 2016 - *Imprimé en France*

www.ingramcontent.com/pod-product-compliance
Lightning Source LLC
LaVergne TN
LVHW011006061026
849535LV00006B/1735
9782343096179